CB075862

TARÔ
DOS
ANJOS

ANDRÉ MANTOVANNI

TARÔ DOS ANJOS

Editora Pensamento
SÃO PAULO

Copyright © 2021 André Mantovanni.
Copyright © 2021 Editora Pensamento-Cultrix Ltda.
1ª edição 2021.

Todos os direitos reservados. Nenhuma parte deste livro pode ser reproduzida ou usada de qualquer forma ou por qualquer meio, eletrônico ou mecânico, inclusive fotocópias, gravações ou sistema de armazenamento em banco de dados, sem permissão por escrito, exceto nos casos de trechos curtos citados em resenhas críticas ou artigos de revista.

A Editora Pensamento não se responsabiliza por eventuais mudanças ocorridas nos endereços convencionais ou eletrônicos citados neste livro.

Editor: Adilson Silva Ramachandra
Gerente editorial: Roseli de S. Ferraz
Preparação de originais: Karina Jannini
Gerente de produção editorial: Indiara Faria Kayo
Capa e projeto gráfico: Marcos Fontes / Indie 6 Produção Editorial
Revisão: Adriane Gozzo
Ilustrações das cartas: Cristina Martoni

Dados Internacionais de Catalogação na Publicação (CIP)
(Câmara Brasileira do Livro, SP, Brasil)

Mantovanni, André
  Tarô dos anjos / André Mantovanni. -- 1. ed. --
São Paulo : Editora Pensamento, 2021.

  ISBN 978-85-315-2158-4

  1. Anjos 2. Tarô I. Título.

21-79300   CDD-133.32424

Índices para catálogo sistemático:
1. Tarô : Artes divinatórias : Ciências esotéricas
   133.32424

Cibele Maria Dias - Bibliotecária - CRB-8/9427

Direitos reservados
EDITORA PENSAMENTO-CULTRIX LTDA.
Rua Dr. Mário Vicente, 368 – 04270-000 – São Paulo – SP
Fone: (11) 2066-9000
http://www.editorapensamento.com.br
E-mail: atendimento@editorapensamento.com.br
Foi feito o depósito legal.

✦

"[...] Ela acreditava em anjo, e,
porque acreditava, eles existiam."

Clarice Lispector

✦

Para meus pais:
Laércio (*in memoriam*) e Claudirce.

SUMÁRIO

INTRODUÇÃO
Existem Anjos Dentro de Nós! 10

CAPÍTULO 1
Uma Reflexão sobre o Tarô 13
    O Que é e Para Que Serve um Oráculo? 14
    Conhecendo o Tarô dos Anjos 17

CAPÍTULO 2
Os Arcanos Maiores no Tarô dos Anjos 19
    0 – O Louco: O Anjo da Ousadia 22
    1 – O Mago: O Anjo da Conquista 26
    2 – A Papisa: O Anjo do Segredo 29
    3 – A Imperatriz: O Anjo da Prosperidade 32
    4 – O Imperador: O Anjo do Poder 35

5 – O Papa: O Anjo da Sabedoria 38
6 – Os Enamorados: O Anjo do Coração 41
7 – O Carro: O Anjo do Caminho 44
8 – A Justiça: O Anjo do Equilíbrio 47
9 – O Eremita: O Anjo do Tempo 50
10 – A Roda da Fortuna: O Anjo da Mudança 53
11 – A Força: O Anjo da Permanência 56
12 – O Enforcado: O Anjo do Sacrifício 59
13 – A Morte: O Anjo da Transformação 62
14 – A Temperança: O Anjo do Perdão 65
15 – O Diabo: O Anjo do Desejo 68
16 – A Torre: O Anjo da Reconstrução 71
17 – A Estrela: O Anjo da Esperança 75
18 – A Lua: O Anjo da Intuição 78
19 – O Sol: O Anjo da Consciência 82
20 – O Julgamento: O Anjo do Renascimento 85
21 – O Mundo: O Anjo da Vitória 88

CAPÍTULO 3
Consagração do Tarô dos Anjos 91
   A Consagração 91
   A Preparação 92
   Material para a Consagração 92
   A Realização da Consagração 93

CAPÍTULO 4
Consultando o Tarô dos Anjos 96
   Iniciando a Consulta 97
   Métodos de Interpretação – Tarô dos Anjos 98
   Mandala das nove casas 98
   Perguntando ao Tarô dos Anjos 102
   Como Fazer a Interpretação das Três Cartas 103
   O Tempo das Previsões dos Acontecimentos 105
   Encerrando a Consulta 106

CAPÍTULO 5
Angeologia 108
   Seu Anjo da Guarda 117
   Tabela dos Anjos do Nascimento 119
   A Hierarquia Celeste 122
   Os Serafins 123
   Os Querubins 126
   Os Tronos 128
   As Dominações 130
   As Potências 132
   As Virtudes 134
   Os Principados 136
   Os Arcanjos 139
   Os Anjos 141
   Os Gênios da Humanidade 143

O Anjo Contrário 144
Um Altar para os Anjos 146

CAPÍTULO 6
Astrologia cabalística 149
Áries – Samuel 149
Touro – Anael 150
Gêmeos – Rafael 151
Câncer – Gabriel 151
Leão – Miguel 152
Virgem – Rafael 153
Libra – Anael 153
Escorpião – Azrael 154
Sagitário – Saquiel 154
Capricórnio – Cassiel 155
Aquário – Uriel 156
Peixes – Assariel 156
Ritual de Invocação dos Anjos Zodiacais 157

CAPÍTULO 7
A Liturgia dos Anjos 159
Os Atributos de Cada Anjo 160

BIBLIOGRAFIA 180

INTRODUÇÃO

EXISTEM ANJOS DENTRO DE NÓS!

Sempre acreditei em anjos, não somente nos seres alados que vivem a guardar a humanidade, transitando entre o Céu e a Terra, mas também naqueles sem asas, que encontramos pela vida: os amores, a família, os amigos ou até mesmo os desconhecidos que surgem em nosso caminho, ofertando o milagre da compaixão e do auxílio inesperado. Acredito nos anjos que moram em nós e povoam o coração e os sonhos, convidando-nos a ser pessoas melhores, mais fraternas, mais empáticas, mais tolerantes e mais conscientes de quem somos.

    Estamos todos infinitamente conectados com nossos anjos interiores e com eles podemos expandir a luz de nossa consciência na jornada de autorrealização com o auxílio do tarô, ferramenta de autoconhecimento e sabedoria muito antiga. O tarô pode personificar esses anjos interiores, guardados no mistério do inconsciente, e revelá-los como as inúmeras experiências do nosso cotidiano.

Em *Tarô dos Anjos*, ambos se encontram para nos dar as chaves da autodescoberta e a clareza necessária para as respostas, orientações e reflexões úteis diante dos conflitos, das dúvidas, dos medos e da desesperança. Nas próximas páginas, você poderá encontrar não só um manual de como utilizar o Tarô dos Anjos como oráculo, mas também ampliar seus conhecimentos sobre o reino celestial dos anjos.

O baralho do Tarô dos Anjos que acompanha este livro foi sonhado e concebido por mim mediante *insights* e criado de maneira sempre muito inspirada pela artista plástica Cristina Martoni, companheira de muitos projetos nos últimos anos. Todas as imagens foram pintadas à mão em um longo processo, desenvolvido em 2009 e 2010 com muito entusiasmo, alegria e motivação.

No Capítulo 1, faço uma breve introdução ao tarô e à sua utilização como ferramenta de autoconhecimento, além de apresentar o Tarô dos Anjos. No Capítulo 2, você vai aprender sobre os arcanos maiores do tarô e sua relação com cada anjo, bem como se aprofundar no significado de cada carta de maneira geral e em diversas áreas da vida. No Capítulo 3, você vai compreender a importância da consagração do seu baralho de tarô e como realizar esse ritual detalhadamente. No Capítulo 4, começaremos a colocar os estudos do Tarô dos Anjos em prática, aprendendo sobre como consultá-lo, preparar o ambiente para as consultas e os métodos de tiragem. Nos Capítulos 5, 6 e 7, abordo o estudo dos anjos, a astrologia cabalística e o ritual dos anjos zodiacais, bem como a liturgia angélica. Esses últimos três capítulos foram pensados como complemento necessário para aqueles que desejam se dedicar ao estudo dos anjos cabalísticos.

Acredite em anjos e na sincronicidade do universo, pois nada é acidental. Este livro não está chegando às suas mãos por acaso. Leia-o, desfrute dele, dedique-se a essa arte tão especial que é poder ler e ver a si mesmo nas cartas do Tarô dos Anjos.

– André Mantovanni, outono de 2021.

CAPÍTULO 1

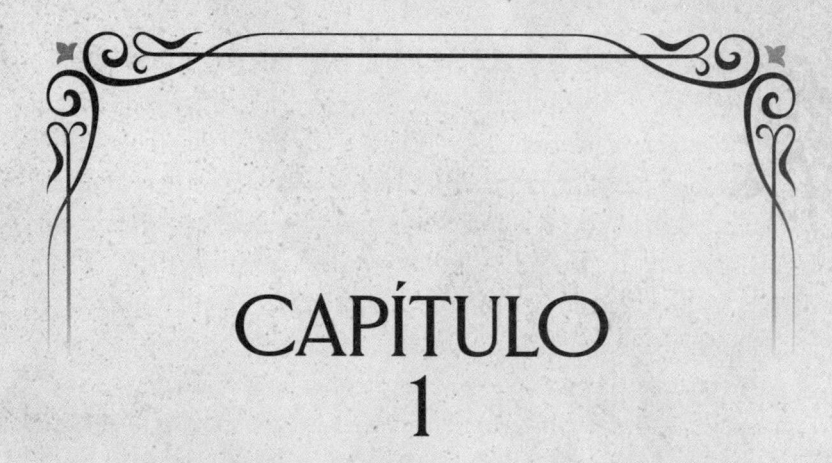

UMA REFLEXÃO SOBRE O TARÔ

O jogo de tarô é um baralho formado por 78 cartas ou arcanos. Porém, vale frisar que esse é o modelo do jogo tradicional, que inclui arcanos maiores e menores. Os primeiros baralhos de tarô foram produzidos há séculos. De certo modo, suas origens são misteriosas e acompanham a evolução da humanidade.

O objetivo deste livro é abordar o jogo de tarô sob dois diferentes aspectos: como instrumento de autoconhecimento e como oráculo divinatório. Em ambos os casos, uma energia é despertada, funcionando como ferramenta de ligação entre nós (tarólogos e consulentes) e os anjos da guarda e tornando-se um oráculo que permitirá um meio de comunicação com eles.

O QUE É E PARA QUE SERVE UM ORÁCULO?

Em linhas gerais, um oráculo nada mais é que um sistema composto de símbolos e códigos inscritos no inconsciente coletivo e individual que herdamos de nossos ancestrais desde tempos remotos. Quando organizados em um oráculo (cartas, pedras, cristais etc.), esses símbolos e códigos são capazes de traduzir, em linguagem compreensível a todos nós, o que se passa nesse nível inconsciente.

No tarô, cada carta ou arcano representa uma chave de acesso e nos auxilia a tornar consciente o que está guardado na mais profunda dimensão inconsciente, a alma. Não por acaso, a palavra "arcano" pode ser compreendida como "mistério". Em outras palavras, um oráculo reflete nossa alma, na forma mais pura; é um espelho do mundo interior, ajudando a pessoa a se conhecer melhor e a entender com amplitude o próprio destino. Mas o que define o destino de cada um? Com base no conceito de livre-arbítrio, nós mesmos somos os responsáveis por nosso destino, uma vez que somos formados por pensamentos, escolhas (conscientes e inconscientes), decisões, crenças, sentimentos, habilidades, padrões energéticos, capacidades, dons, vocação e todas as experiências acumuladas até então. Isso é o que faz com que cada pessoa seja única e especial, sendo parte de um grande Todo Universal.

Também acredito que não somos uma folha em branco ao nascer nessa dimensão, por isso carregamos toda uma bagagem misteriosa que se entrelaça com memórias e lembranças perdidas no tempo e na eternidade, uma vez que nada acontece por acaso.

O objetivo de um oráculo é fazer com que a pessoa conheça melhor a si mesma, alcance um estágio mais alto de desenvolvimento espiritual e ilumine os melhores caminhos e direções para obter resultados mais satisfatórios, harmônicos e plenos. O oráculo cria um alinhamento entre o ser humano e seu próprio destino. Funciona como ferramenta para um entendimento profundo dos desafios que aparecem em momentos inesperados ao longo da vida. Dúvidas e conflitos surgem o tempo todo. Somos tomados por muitas angústias, pois necessitamos e queremos respostas para nossas interrogações nos mais variados campos: amor, finanças, profissão, família, saúde e tantos outros. É importante, contudo, analisar com sabedoria e atenção os questionamentos de quem procura as respostas nos oráculos, bem como os conselhos e as orientações dadas por eles. Um oráculo poderá, ainda, apresentar as dificuldades que invariavelmente surgirão e o modo de superá-las, além de indicar o melhor caminho, as melhores decisões ou até mesmo as situações favoráveis. Como estudioso dos oráculos e praticante do tarô desde 1993, percebo que, em grande parte, as respostas para a resolução dos problemas e das dúvidas não estão em nossa mente consciente, mas, sim, no inconsciente. Muitas vezes, quando essas respostas e interpretações emergem, podem soar diferentes daquilo que se espera; por isso, nem sempre são agradáveis ao consulente.

É normal que haja rejeição a determinadas respostas do oráculo por parte do consulente, seja por conta de expectativas frustradas, seja por necessidade de amadurecimento ou por ideias fantasiosas criadas acerca da resolução do problema em questão. Essa reação negativa faz com que o consulente não perceba que uma negação vinda de sua leitura pode ser a melhor saída para o momento. Desse modo, o tarólogo terá de ter compaixão, sabedoria e discernimento para orientar quem está à sua frente. O ser humano é cercado de contradições e ambivalências, o que o torna infinito e repleto de possibilidades. Por vezes, os desejos e as crenças, somados a essas contradições, estão fortemente estruturados no indivíduo, e qualquer fator externo ou desconhecido que ameace desestruturar esse sistema já enraizado poderá soar como ameaça para que grandes mudanças aconteçam, causando medo e insegurança. Talvez esse seja um dos pontos cruciais, capaz de gerar resistência por parte do consulente em uma consulta de tarô ou a qualquer outro oráculo, quando essas respostas contrariam seus desejos e suas ilusões. Da mesma forma, o consulente ainda poderá se surpreender e sentir paz interior quando o oráculo sinalizar bons caminhos e resultados favoráveis. Uma maneira de fazer com que uma consulta a um oráculo seja mais eficiente é por meio da quebra de padrões, paradigmas e crenças que limitam a visão e o pensamento sobre o que nos rodeia e o que é anunciado durante as leituras oraculares. No entanto, sabemos que nem sempre isso é possível, pois muitas pessoas ficam envolvidas em uma energia de negatividade e pessimismo e tão absorvidas pelos problemas e pelas preocupações que acabam se recusando a ouvir o que o oráculo tem a dizer, caso não seja o que gostariam de ouvir.

É preciso, portanto, que o oraculista tenha conhecimento suficiente, intuição e sensibilidade especial para lidar com esses padrões limitantes e ajude o consulente a se reconstruir. E, claro, da forma mais delicada possível, saber quando oferecer motivação e quando revelar um alerta. Em ambos os casos, o equilíbrio será a chave de grande mudança para toda situação de preocupação.

Com ética, serenidade e empenho, o tarólogo/oraculista terá papel de agente facilitador para a compreensão dessas informações durante a consulta, tendo em vista que, mesmo em se tratando do destino de quem o procura, poderá oferecer uma amplitude de caminhos e novas escolhas e gerar bem-estar e harmonia.

CONHECENDO O TARÔ DOS ANJOS

Em 2008, quando intuí que seria importante criar o *Tarô dos Anjos*, logo percebi a necessidade de manter apenas os 22 arcanos maiores, que fazem parte do jogo tradicional, com um total de 78 cartas.

Dessa forma, o *Tarô dos Anjos* é composto de 22 cartas (arcanos), que vão de 0 a 21. Para esse estudo em especial, não faremos uso das outras 56 cartas que compõem os arcanos menores, divididos em quatro naipes nos tarôs tradicionais: ouro, copas, espada e paus.

A palavra "arcano" deriva de "arca" ou "segredo". Nesse contexto, os arcanos maiores são a expressão máxima da alma em uma consulta. Como chaves arquetípicas, revelam os segredos mais importantes da nossa existência.

Na estrutura original, os 22 arcanos são conhecidos pelos nomes: O Louco, O Mago, A Papisa, A Imperatriz, O Imperador, O Papa, Os Enamorados, O Carro, A Justiça, O Eremita, A Roda da Fortuna, A Força, O Enforcado, A Morte, A Temperança, O Diabo, A Torre, A Estrela, A Lua, O Sol, O Julgamento e O Mundo.

Para o estudo do *Tarô dos Anjos*, as cartas seguirão a ordem e as nomenclaturas clássicas, mas tendo como abordagem a simbologia do mundo angélico.

O objetivo deste manual é compartilhar os significados de cada carta que compõe os arcanos maiores, bem como ensinar uma metodologia eficiente de tiragem das 22 cartas tanto para leigos quanto para pessoas mais experientes no estudo do tarô ou para aqueles que desejam aperfeiçoar sua comunicação com o reino angélico.

O *Tarô dos Anjos* foi idealizado por associações livres, que tomaram como base a estrutura dos arcanos maiores. Assim, tanto eu quanto a artista plástica Cristina Martoni buscamos trazer um estudo de múltiplas possibilidades que traduzisse cada carta dentro dessa dimensão celestial.

O objetivo do *Tarô dos Anjos* é estreitar o caminho entre você e a energia leve e transformadora dos anjos. E tenho certeza de que esse oráculo poderá auxiliá-lo a encontrar respostas para sua transformação e evolução pessoal.

Os anjos estão presentes em quase todas as religiões do mundo, bem como no imaginário e na cultura popular da humanidade, desde tempos imemoriais. Como mensageiros do reino celestial e intercessores entre os homens e Deus, são a expressão da sabedoria, do amor, da compaixão e da bondade.

Para algumas tradições esotéricas, os anjos sempre se revelam por meio de sonhos, intuições, sensações, fenômenos sincrônicos, canalizações espirituais e mediúnicas. Outra forma de estabelecermos uma comunicação mais clara e constante com nosso anjo da guarda é mediante algum oráculo: tarô, runas, baralho cigano, entre outros. E esse é o objetivo do *Tarô dos Anjos*: facilitar e ampliar sua comunicação com seu anjo da guarda e compreender melhor o que ele tem a lhe dizer.

CAPÍTULO 2

OS ARCANOS MAIORES NO TARÔ DOS ANJOS

Como mencionado anteriormente, o tarô é composto por 78 cartas (ou lâminas), divididas em dois grupos: 22 cartas correspondem aos arcanos maiores e 56 representam os menores, que, por sua vez, se subdividem em naipes de fogo, terra, ar e água, com cartas numeradas e da corte.

Para o estudo do *Tarô dos Anjos*, vamos utilizar as 22 cartas dos arcanos maiores, que chegam a este livro revestidos da simbologia do mundo angélico.

Encontramos nos estudos herméticos a evidência de que os arcanos maiores são as chaves espirituais que abrem o grande mistério da existência, revelando-nos experiências profundas de autoconhecimento. Nesse sentido, os arcanos maiores guardam em si o legado da história e da evolução da humanidade no passado, no presente e no futuro. Nas tradições antigas, o tarô era um caminho iniciático, no qual os neófitos precisavam vivenciar as lições espirituais dos arcanos maiores para encontrar sua iluminação pessoal.

Assim, aprendemos que os arcanos maiores guardam os segredos da alma e os estágios da evolução e nos orientam, de maneira muito especial, sobre as mais variadas dimensões da vida. Eles apontam as soluções e as respostas interiores, guiando-nos para um olhar mais amplo diante de uma questão. Podem nos auxiliar com questões práticas e objetivas, ou até mesmo previsionais, mas sua função primordial é nos fazer transformar, purificar, evoluir e ampliar nossa consciência.

Podemos ainda compreender o tarô como um conjunto de arquétipos que nos contam histórias, revelam personagens, narram mitologias e atualizam a jornada de cada um de nós. Os arquétipos são formas (padrões) guardadas no inconsciente coletivo: a mãe, o pai, a fada, a bruxa, o herói, e assim por diante, e todos eles sinalizam um tipo de experiência a ser vivenciada. Interpretar o tarô é como ler um livro só de imagens e símbolos, que nos revela os melhores caminhos e direções e nos direciona a eles.

Esses arcanos podem ser traduzidos de inúmeras maneiras. Por essa razão, hoje encontramos uma infinidade de tarôs com temas, alegorias e personagens de diferentes culturas e tradições, que os revestem de maneira múltipla, mas, em essência, mantêm seus arquétipos e seguem a mesma estrutura da jornada que se inicia na carta de número 0 (O Louco) e termina na de número 21 (O Mundo).

Ao mergulharmos nos arcanos maiores do *Tarô dos Anjos*, teremos a oportunidade de abraçar da seguinte maneira, de forma simbólica, os anjos que despertam suas mensagens:

O Louco – O Anjo da Ousadia
O Mago – O Anjo da Conquista
A Papisa – O Anjo do Segredo
A Imperatriz – O Anjo da Prosperidade
O Imperador – O Anjo do Poder
O Papa – O Anjo da Sabedoria
Os Enamorados – O Anjo do Coração
O Carro – O Anjo do Caminho
A Justiça – O Anjo do Equilíbrio
O Eremita – O Anjo do Tempo
A Roda da Fortuna – O Anjo da Mudança
A Força – O Anjo da Permanência
O Enforcado – O Anjo do Sacrifício
A Morte – O Anjo da Transformação
A Temperança – O Anjo do Perdão
O Diabo – O Anjo do Desejo
A Torre – O Anjo da Reconstrução
A Estrela – O Anjo da Esperança
A Lua – O Anjo da Intuição
O Sol – O Anjo da Consciência
O Julgamento – O Anjo do Renascimento
O Mundo – O Anjo da Vitória

Dessa forma, qualquer carta do *Tarô dos Anjos* poderá surgir em uma leitura, trazendo significados muito importantes e profundos relativos a uma questão específica ou ao momento de vida do consulente e ampliando sua percepção das experiências. Algumas vezes, uma única carta revelará a resposta de maneira objetiva; outras, poderá aparecer a sequência de várias cartas, que contarão uma história com início, meio e fim.

0
O Louco

O Anjo da Ousadia

Entusiasmo, jovialidade, expansão de horizontes, ousadia, inteligência, loucura, riscos a serem enfrentados, curiosidade, viagens e instabilidade.

A carta "O Louco" é a dos horizontes desconhecidos. Como é a de número 0, tem todas as possibilidades. É a carta do viajante que está em incessante busca e fica praticamente à beira do precipício, mas, ainda assim, consegue se sentir feliz e ver o lado positivo das coisas. Para O Louco, todas as coisas são possíveis. Nenhuma experiência deve ser descartada, todas as cores são belas, e nenhuma aventura pode ser deixada de lado. Ele não tem medo de se lançar a novas experiências nem de desbravar o desconhecido. De todas as cartas do baralho, O Louco é a única que se sente preparada para realizar diversas jornadas ao longo da vida e reiniciar suas experiências em um ambiente completamente novo, sempre que necessário. O que está em jogo é o valor da descoberta do desconhecido, a aventura, o desapego pelo plano material e a imersão em viagens. Ele só leva consigo o que julga imprescindível para suas viagens internas e externas.

O Louco é considerado uma carta antagônica. É louco e gênio ao mesmo tempo. Arrisca-se, não tem medo e, por isso, descobre-se iluminado. Se por um lado lhe sobra sabedoria, por outro faltam-lhe planejamento e estratégia. É uma carta que vai do progresso à instabilidade. Cabe ao consulente ser perspicaz e identificar as características mais luminosas desse arcano para seu próprio uso. Em contrapartida, essa carta também pode significar uma válvula de escape para uma situação adversa, enquanto não surge uma nova distração. Com O Louco, nada permanece no passado nem no futuro; tudo é instável e passageiro. Nada é definitivo! Os riscos gerados a partir das buscas devem ser vividos com sabedoria, uma vez que, nesse caso, o mais importante é a busca em si, não os resultados gerados por ela.

O Louco representa caminhos inexplorados e a possibilidade de aventuras em busca de conquistas e planos de vida. Também se traduz na criança interna que todos nós temos e em como ela é importante para nos impulsionar quando sentimos medo ou receio de descobrir o novo. É uma oportunidade de inovação, em que o entusiasmo pode ser o responsável por nos levar a horizontes infinitos.

Atitudes e decisões impulsivas podem resultar em perdas e arrependimento.

Significados gerais: irreverência; ousadia; impulsividade; ação desmedida; instinto; criança interior; imaturidade; aventura; curiosidade; espontaneidade; sinceridade; criatividade; alegria de viver; entusiasmo ("fogo de palha"); prazer; falta de estratégia; loucura e liberdade de expressão para falar, sentir, viver e interagir no mundo; novos horizontes; abertura de caminhos; viagens; abandono das coisas que perderam o sentido; tolice; ingenuidade; aprender brincando; franqueza; entusiasmo; inconstância; desprendimento; jovialidade; inquietação; busca; impulso e inconsequência.

Espiritual: necessidade de buscar novos horizontes; instabilidade energética; curiosidade pelas dimensões desconhecidas; desapego; experiências de autoconhecimento; busca pela proteção divina e por suas verdades.

Amor: novos trajetos serão trilhados. Nesse caso, há chances de viver um amor de maneira inocente. Contudo, é preciso tomar cuidado com emoções e sentimentos, pois nada é estável. A irresponsabilidade e a imaturidade podem levar a decisões que trarão resultados desfavoráveis e arrependimentos. Dificuldade em manter a estabilidade em relacionamentos. O Louco pode revelar a possibilidade de relacionamentos não convencionais e diferentes. As paixões e os afetos podem ser passageiros.

Trabalho e finanças: possibilidade de iniciar novos projetos. Novos caminhos estão por surgir com amplitude de horizontes. É preciso ter coragem, ousadia e ser criativo, sem deixar que a ansiedade, a irresponsabilidade no campo profissional ou a imaturidade tragam resultados ruins. Viagens a trabalho, contato com países estrangeiros. No âmbito das finanças, é necessário agir com bastante cautela. Uma atitude precipitada e impensada pode trazer resultados desastrosos. Não se arrisque demais com dinheiro ou investimentos.

Saúde: vícios; ansiedade; nervosismo; desequilíbrios psíquicos e emocionais; hipocondria, podendo afetar negativamente o organismo. A saúde é instável em vários aspectos.

1
O Mago

O Anjo da Conquista

Invenção, conquista, iniciativa, liderança coragem, objetividade, determinação, agilidade, dons e talentos.

O Mago nos faz refletir sobre todo potencial positivo para realizarmos nossos maiores desejos, o qual, muitas vezes, passa despercebido diante de nossos olhos. Ele nos ensina que toda iniciativa pode ser bem-sucedida se houver reconhecimento de nossas capacidades e de nossos dons e talentos. Seus efeitos são rápidos e trazem independência. Nesse caso, o ideal é não contar com ninguém além de si mesmo.

Também pode indicar um contato muito precioso e direto entre o plano astral e o mundo terreno. É regido por Mercúrio e tem em si o dom de pensar, comunicar suas ideias e agir em benefício do que acredita. Sua liderança, sua excentricidade e seu jeito único de executar ideias lhe dão a capacidade de convencer e entusiasmar quem está à sua volta.

Independentemente do segmento da vida, essa energia produzirá vibrações construtivas, que ajudarão a progredir, ir adiante e dar o passo inicial.

Use esse arcano para realizar metas, atingir objetivos e concretizar projetos de vida com rapidez.

Essa carta pode, ainda, revelar que, além de inteligência e inventividade, aliadas aos dons pessoais, há ferramentas disponíveis para a concretização de algo importante, que não devemos perder tempo sonhando demais e que toda ação resultará em reação imediata. Trata-se de confiar e seguir adiante.

Significados gerais: conquistas; criatividade; espírito de liderança; concretização rápida; novas ideias; inícios com boas perspectivas; favorecimento; habilidades/potenciais (talvez ainda não conscientes); destreza; rapidez; desenvolvimento; capacidade para aceitar riscos; coragem; determinação; força de vontade;

individualidade; vigor; poder de convencimento; agilidade; autoconfiança e boas oportunidades para o desenvolvimento de si mesmo ou de algo importante. Necessidade de encontrar as verdadeiras vontades do espírito para iniciar a iluminação interior.

Espiritual: necessidade de atingir objetivos e conquistas no mundo espiritual pelos próprios esforços. Tomar posse dos próprios dons e habilidades. É preciso crer e agir na mesma proporção. Desenvolvimento espiritual e mediúnico; capacidade para praticar magias e alquimia.

Amor: é um excelente momento para novos relacionamentos afetivos. Contudo, tome cuidado para não ser muito individualista nem egocêntrico. Novas oportunidades surgirão; é hora de iniciar outra história ou reinventar um relacionamento já existente, com novas crenças e novos hábitos.

Trabalho e finanças: é preciso assumir a posição de liderança e mostrar as melhores habilidades profissionais. Sucesso e conquistas estão próximos. É uma excelente fase para investimentos financeiros e conquistar o que se almeja. Novos ciclos com sucesso e determinação.

Saúde: a saúde física vai bem, mas é preciso ter atenção à saúde espiritual e psíquica, que merecem cuidado maior nesse momento.

2
A Papisa
O Anjo do Segredo

Emoções, segredo, observação, intuição, doação, gestação, fecundidade, parcerias, novas ideias e projetos.

A Papisa nos permite ver e refletir sobre as doações que realizamos em nosso cotidiano, sejam elas para outras pessoas, sejam para nós mesmos, para o amor ou qualquer outra área da vida.

É preciso dar atenção e energia para seu eu interior. Ouça a sabedoria da alma, escute o que a intuição tem a dizer. Se você der atenção aos sentimentos mais profundos, guardados na alma, terá mais sabedoria para tomar as melhores decisões.

Esse é um momento em que você deve escutar mais do que falar. Essa fase propicia as boas ideias e a execução de grandes projetos, mas não se deve ter pressa em realizá-los, pois se trata de um período de fecundação e gestação. Faça tudo em seu tempo. Acima de tudo, tente deixar seu emocional equilibrado e em paz, ficar em harmonia com seu mundo secreto e interior.

A Papisa está aqui para nos lembrar do amor interior, dos cuidados e da inteligência emocional e espiritual que fortalecem o conhecimento, bem como de experiências que permitirão enxergar o mundo de forma diferente, com mais sabedoria.

Procure usar seu tempo de forma mais inteligente, pratique a leitura, entregue-se a momentos de reflexão e silêncio. Faça novas parcerias, aceite ajuda, desperte compreensão, não tenha medo de ficar nesse estado de espera.

A Papisa também pode representar uma relação profunda e significativa com a figura do sagrado feminino e, nesse sentido, indica facilidades e dificuldades na relação com a mãe – o útero, as origens e o desconhecido oceano do inconsciente.

Significados gerais: intuição; emoção; confiança na voz interior; sensação; receptividade; compreensão; doação verdadeira; gestação; atributos maternais de recolhimento; espera; paciência;

o desconhecido; sabedoria divina; silêncio; inação; mergulho nas profundezas da alma; segredo; afetuosidade; sinceridade; proteção; dificuldade de exteriorizar os sentimentos; cuidados; dedicação; mensagens do inconsciente e visão interior.

Espiritual: estudar para encontrar a sabedoria divina; meditações; ouvir mais a própria intuição e ampliar o conhecimento por meio de novas filosofias, espiritualidade e autoconhecimento.

Amor: é um momento propício para amar e se doar em um relacionamento. Aja com cautela e sabedoria. Permita-se mergulhar profundamente nas próprias emoções. Evite chantagens emocionais com o (a) parceiro(a). Fantasmas e traumas do passado podem desencadear bloqueios.

Trabalho e finanças: é o momento ideal para lapidar ideias ainda não colocadas em prática. Desempenhe seus trabalhos com máximo vigor e evite divulgar demais seus planos profissionais. Espere o momento certo para agir, plante sementes e cuide desses projetos. Não tenha pressa.

Nas finanças, é um bom momento para poupar dinheiro. Ele deve ser usado com cautela e sabedoria para que você consiga atingir o sucesso desejado.

Saúde: mulheres devem redobrar a atenção com os seios, o útero e os órgãos reprodutores; possibilidade de gravidez. Os homens devem ter mais cuidado com o intestino e o estômago. No geral, problemas físicos de ordem emocional e depressão.

3
A Imperatriz

O Anjo da Prosperidade

Êxito, conquistas, expressão, poder, vitória, triunfo, felicidade, sorte e alegria.

A Imperatriz anuncia grandes nascimentos e realizações. Considerada uma carta altamente favorável, ela nos traz a certeza de ganhos, êxito, projeção, comunicação e poder pessoal, que se manifestam em várias áreas da vida.

Todos os objetivos alcançados serão importantes para auxiliar no equilíbrio do mundo material com o espiritual.

De natureza mais racional, essa carta indica que estratégias são bem-vindas para alcançarmos o que desejamos, mas temos de evitar deixar que o nervosismo e as tensões tomem as rédeas da situação. Com boa comunicação, podemos aumentar as oportunidades de aquisições e relacionamentos prósperos.

É um momento favorável para investimentos que darão bons frutos e colheitas. Porém, é preciso encontrar equilíbrio. Não se deve dar muita atenção às futilidades materiais que atrasam nossos processos de evolução espiritual.

De toda forma, A Imperatriz sempre surgirá em uma leitura para sinalizar riquezas, fama e realização, progresso, abundância, alegria, celebrações e multiplicação da vida, bem como o momento em que seremos acompanhados pela sorte, pela prosperidade e pelo reconhecimento em vários níveis. É uma mensagem de renovação e realização de sonhos, metas e objetivos, com coroação.

Significados gerais: beleza; realização; êxito; comunicação; sorte; nascimento; alegria; entusiasmo; poder; ânimo; fertilidade; multiplicação; ascensão; concretização; riquezas; fortuna; mundo material; colheita; impulsos; razão; vivacidade e confiança na plenitude.

Espiritual: a espiritualidade deve ser buscada como fonte de renovação e abundância. Celebração e bom período de colheitas, merecimento e recebimento de boas energias.

Amor: a fase é boa; a sorte e a alegria poderão proporcionar excelentes momentos e encontros. Buscar equilíbrio para não tentar racionalizar demais os relacionamentos e/ou não exagerar no ciúme e na possessividade.

Trabalho e finanças: fase de alegria, carisma e desempenho profissional, que resultarão em reconhecimento e possíveis promoções. É um momento propício a realizações e conquistas. Nas finanças, a felicidade e o êxito trarão aquisições e considerável melhora. Evite exageros e não gaste todo o dinheiro com banalidades.

Saúde: é preciso tomar cuidado com o estresse e a ansiedade; do contrário, os problemas poderão aumentar cada vez mais. Não abuse da alimentação nem cometa excessos de qualquer natureza. Possibilidade de gravidez.

4
O Imperador
O Anjo do Poder

Responsabilidade, persistência, organização, trabalho, poder interior, segurança e estabilidade.

O Imperador indica um momento de estabilidade, realizações e responsabilidades em diferentes aspectos da vida. A carta mostra que é preciso mais esforço para o cumprimento das próprias metas e dos próprios objetivos. O Imperador representa, de forma simultânea, segurança e limitações, necessárias para o crescimento pessoal e o aprimoramento interior.

Os resultados são evidentes depois de muito esforço, trabalho, dedicação, atitudes práticas e perseverança. Deixe as emoções e as ilusões de lado e use tudo o que aprendeu no caminho para consolidar objetivos e planos de vida.

É uma fase importante para construir bases sólidas no plano material e confiar no esforço contínuo como ponte para o sucesso. Não seja extremamente perfeccionista nem exigente demais com coisas sem muita importância. Evite a tirania e o excesso de cobranças consigo mesmo e com as pessoas.

É o momento ideal para deixar de procrastinar as coisas do dia a dia que precisam ser resolvidas. Mesmo enfrentando algumas limitações, é preciso acreditar no próprio poder interno e no que você mais deseja para ampliar as conquistas da vida.

O Imperador é um convite muito claro ao progresso; indica que você terá segurança e estabilidade, mas dificilmente descansará até atingir todas as metas.

Significados gerais: poder; autoridade; construção; trabalho árduo; solidez; segurança; domínio; razão; responsabilidade; persistência; ordem; disciplina; regra; estabilidade; objetividade; praticidade; inflexibilidade; ceticismo; seriedade; execução; realização e concretização.

Espiritual: deixe o ceticismo de lado e acredite mais na força e na proteção divina. Com dedicação e trabalho espiritual, você poderá estruturar a vida de forma mais eficaz. Construção e estruturação por meio da conexão com o poder interior.

Amor: é o momento ideal para construir uma relação afetiva, tomando cuidado apenas com o sentimento de posse e o ciúme excessivo, que podem facilmente destruir um relacionamento saudável. Necessidade de expressar mais os sentimentos para manter a estabilidade no relacionamento.

Trabalho e finanças: é hora de colocar as coisas em ordem. Não se irrite com os pequenos problemas diários. Dificuldades e barreiras serão ultrapassadas com muito empenho e esforço pessoal. Nas finanças, é hora de investir, comprar ou assegurar os bens materiais. O desempenho em se organizar nesse momento será essencial para que você possa triunfar futuramente.

Saúde: tome mais cuidado com o estômago, o intestino e a estrutura óssea, que precisam de mais atenção nesse momento.

5
O Papa

O Anjo da Sabedoria

Sabedoria, espiritualidade, amadurecimento, valores morais, conexão com o sagrado, estudos e aperfeiçoamento espiritual.

O Papa traz conhecimento, sabedoria, compaixão, empatia e bondade não só para você mesmo, mas também para as pessoas que o cercam. Esse pode ser um convite para reavaliarmos ideias e pensamentos mais antigos, que já não fazem parte da vida atual, e padrões envelhecidos pelo tempo.

Por outro lado, o foco aqui é criar uma conexão com a divindade, o mestre interior, uma nova filosofia de vida, um bom terapeuta, um astrólogo, um guru, alguém que tenha um vínculo permanente com o sagrado e possa trazer orientação e novos caminhos.

A carta O Papa traz uma força divina dos deuses, as filosofias secretas, a religiosidade e o desejo de se ligar ao universo de alguma maneira. É um excelente momento para pedir bons conselhos a pessoas que incentivem sua própria confiança, ouvir a voz interior e criar alianças.

Esse arcano também revela estudos, aperfeiçoamento mental e espiritual. Indica a força dos livros e toda a sabedoria que podemos adquirir ao longo do caminho, seja pelas próprias experiências, seja abrindo-se para absorver conhecimentos teóricos sobre algum assunto de nosso interesse. Ainda a respeito desse tema, O Papa favorece os cursos superiores, as iniciações filosóficas e religiosas, a autoridade do conhecimento, as leis e as ordens dos homens e dos deuses. Com ele também podemos encontrar a educação recebida de nossos pais e da escola, que formam nossos valores e nossas crenças pessoais.

Uma abordagem importante é a fé, a religação com o plano superior e a necessidade da paciência para realizar qualquer projeto ou ideia.

Significados gerais: crença na sabedoria interior; maturidade para enfrentar problemas; mestre; contato com o divino; união com o que há de bom na alma; espiritualidade; filosofia de vida; religião; moral; hipocrisia; costumes; desapego dos velhos padrões; reformulação de ideias antigas; aprendizado; estudos; aprimoramento; ouvir e analisar para depois agir; soluções; alianças em todos os sentidos; legalização; memórias de outras vidas; estudos; aprimoramento; crenças; tradicionalismo; dar ou ouvir conselhos e necessidade de descobrir a energia vital do espírito.

Espiritual: busca pela consciência mais elevada; conexão com crenças espirituais e no plano interior. Religiosidade, autoconhecimento e fé.

Amor: aproveite esse momento para ouvir mais sua voz interior e preste atenção aos conselhos e às bênçãos para iniciar um novo relacionamento ou expandir uma relação já existente. Momento propício para consolidar suas relações afetivas e se fortalecer no plano amoroso. Matrimônio.

Trabalho e finanças: é uma fase em que ascensão e evolução são palavras-chave. Pessoas com mais influência poderão gerar excelentes e novas oportunidades para você. Desempenhe o trabalho com serenidade e dê o melhor de si nesse momento. Possibilidade de estudos, provas, concursos e/ou cursos de aperfeiçoamento. Nas finanças, o momento não é propício para investimentos em curto prazo nem para resultados imediatos. O dinheiro deverá ser usado com prudência. Com paciência e maturidade, as dificuldades serão vencidas.

Saúde: cuide mais da postura e da coluna vertebral. Dores de cabeça e fadiga mental serão mais recorrentes. Necessidade de procurar médicos ou especialistas para tratamentos. Saúde fragilizada.

6
Os Enamorados

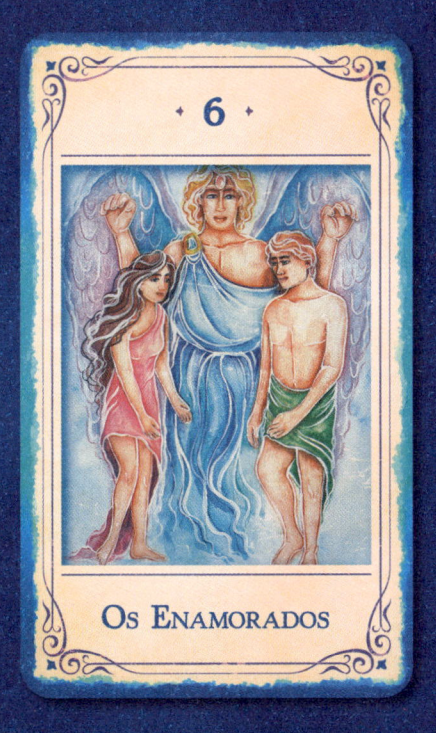

O Anjo do Coração

Emoções, liberdade de sentimentos, amor, afeto, escolhas, família, proximidade, tentativas e beleza.

Os Enamorados ajudam a trazer a força necessária para que tomemos decisões e façamos escolhas nem sempre fáceis, mas das quais jamais podemos fugir, que deverão ser feitas pelo coração. Indica amor, bons sentimentos, afeto e emoções, por vezes, contidos em nossa alma e que precisam ser expressos. Esses sentimentos podem desempenhar papel importante para nos ajudar a tomar decisões e fazer escolhas mais sábias.

Esse arcano amplia a percepção do real valor do amor e mostra que as escolhas para a vida devem ser feitas com a força do coração, pois essa é a única maneira de encontrarmos a verdadeira felicidade interior.

Esse é um ótimo momento para ficarmos mais próximos dos familiares, fortalecermos relações amorosas, fazermos alianças e buscarmos ajuda de pessoas que vibrem positivamente para nossa harmonia.

Nesse caso, a expressão dos sentimentos se faz necessária, e todas as trocas, alianças e parcerias são permeadas de sinceridade.

Temos de deixar de lado todas as dúvidas, os medos, os receios e as aflições. A carta Os Enamorados diz que, se houver uma escolha sincera, não haverá motivos para temer o futuro.

A carta representa assuntos relacionados ao coração, que precisam de amor para serem resolvidos, bem como a necessidade de exaltar sentimentos amorosos, seja por um cônjuge, amigo ou familiar. É um bom momento para prestar mais atenção à beleza interna e cuidar mais dela.

Significados gerais: sentimento; amor puro; escolhas; afetos; querer bem; decisões importantes; jovialidade; necessidade de cuidar das emoções; entrega aos desejos; sentir quando o coração bate mais forte; curiosidade; oportunidades; beleza; relacionamentos;

família; namoro ou casamento; parcerias amigáveis; acordos; dúvidas que podem ser resolvidas se houver sinceridade; propostas; encruzilhada; harmonia e equilíbrio.

Espiritual: o amor será uma ferramenta essencial para trilhar seu destino com sabedoria. Bom momento para se entregar ao caminho espiritual seguindo o coração e para se sentir acolhido por forças e energias cósmicas.

Amor: a fase é propícia para começar um relacionamento harmonioso, e decisões importantes deverão ser tomadas para que você encontre o equilíbrio na vida afetiva. É um bom momento para investir seu tempo e seu coração nos sentimentos. Siga o coração e ouça sua voz interior, pois as escolhas mais sábias serão essenciais para que você possa vencer as barreiras que surgirão. Casamentos, namoros, noivados e alegrias no campo afetivo.

Trabalho e finanças: um momento harmonioso será essencial para que você se sinta mais leve e concentrado no trabalho, o que também o ajudará a criar mais confiança diante das dificuldades e das dúvidas profissionais que surgirão. Contudo, aja com cuidado nas finanças. Não faça investimentos de alto risco nesse momento. Não gaste dinheiro com coisas supérfluas e procure poupar. Aqui, a mensagem é de resolução e boas saídas para as preocupações e dificuldades.

Saúde: a saúde física vai bem, porém preste mais atenção às questões emocionais, que devem receber alguns cuidados extras nessa fase.

7
O Carro

O Anjo do Caminho

Determinação, coragem, confiança, vitórias a serem conquistadas, independência, sucesso em empreendimentos, comando, controle de situações, razão, inteligência, estratégia e superação.

O Carro é uma carta que favorece a inteligência, a coragem, a garra e a determinação. Traz uma mensagem importante para quem precisa obter sucesso e superar adversidades.

O Carro também representa a capacidade e o poder que temos de guiar nossa sorte e comandar nosso próprio destino pela direção que escolhemos ou pelo caminho que construímos.

É a oportunidade perfeita para vencermos todos os obstáculos que surgirem e, assim, aproveitarmos ao máximo todas as chances que a vida nos oferece.

O Carro nos ajuda a lembrar que, por vezes, temos enorme força interior, capaz de derrubar qualquer obstáculo, mas que não devemos nos apoiar nela de forma agressiva, arrogante ou prepotente. É hora de pensar, elaborar estratégias, avaliar a melhor solução para cada problema e seguir em frente com segurança e confiança.

Essa é a carta do sucesso em diversos segmentos da vida, desde que haja autocontrole. Chegou o momento de obter êxito e vitória e de viver em plenitude.

Novos projetos e ideias devem ser executados nesse momento. Os obstáculos devem ser superados, mas é preciso cuidado para não nos tornarmos muito autoritários nem teimosos.

Por vezes, essa carta traz disputas, enfrentamentos e embates que, se vividos com sabedoria, poderão se tornar oportunidades de crescimento pessoal e aprendizado.

Significados gerais: determinação; autoconfiança; coragem; desenvolvimento; progresso; independência; garra; desafios a serem vencidos; vitória; sucesso nos empreendimentos e nas ações bem pensadas; conclusão; êxito após longa jornada; vivacidade; direção; autocontrole; comando de situações externas e de sentimentos; razão; inteligência; domínio das contradições; viagens (terrestres ou curtas); trabalho; tarefa ou algo a ser realizado; disputas e confrontos.

Espiritual: é preciso encontrar um caminho e vencer barreiras e obstáculos. A fé em uma energia superior ajudará a trilhar esse percurso e a trazer a superação dos conflitos.

Amor: novos relacionamentos saudáveis poderão surgir. Para quem já tem compromisso, o arcano indica que é hora de desbravar novos caminhos e expandir os horizontes ao lado da pessoa amada. Não deixe que as adversidades e os obstáculos tomem conta da relação a dois. Eles devem ser derrubados em uma parceria harmoniosa. Para quem está procurando um amor, é preciso ter persistência para encarar os desafios e seguir confiante.

Trabalho e finanças: a carta indica que esse será um momento de êxito, vitórias e promoções no trabalho. Não deixe que os obstáculos atrapalhem suas conquistas. Possíveis confrontos e desafios exigirão autocontrole. Nas finanças, você também terá êxito, contanto que aja com coragem. A situação vai melhorar, e haverá desenvolvimento, crescimento e expansão.

Saúde: preste atenção às pernas e aos pés, que estarão mais sensíveis nesse período. De forma geral, cuide da saúde psíquica para não deixar que o estresse e o desgaste mental tomem conta da rotina.

8
A Justiça
O Anjo do Equilíbrio

Verdade, autoconfiança, equilíbrio, autenticidade, fidelidade, ganhos materiais, inteligência, justiça e lei de ação e reação.

Essa carta acompanha uma mensagem de justiça, imparcialidade e equilíbrio. Aplica-se tanto ao mundo físico quanto ao plano espiritual. Também traz uma energia muito positiva para as recompensas que merecemos por nossos esforços na vida. É o momento ideal para equilibrarmos o mundo material e o espiritual em busca de plenitude, sucesso e paz interior e para investirmos em nossos sonhos e desejos, com ações práticas e objetivas. Devemos aproveitar esse momento para colocar a vida em ordem, seja no plano amoroso, no profissional, no financeiro, no espiritual ou no mental. Organizar todos esses aspectos da vida nos trará mais confiança e serenidade.

A Justiça também traz a mensagem de que é necessário optar sempre pela verdade e pelas boas intenções, tanto em relação a nós mesmos quanto em relação a outras pessoas, pois todos estamos sob o efeito das leis de causa e efeito, de ação e reação.

Ao nos depararmos com adversidades, devemos agir com cautela, segurança e raciocínio lógico, sem nos deixarmos levar demais pelas emoções. Para podermos optar pelo caminho mais seguro e correto da nossa verdade pessoal, temos sempre de dosar razão e emoção e evitar a ansiedade. Esse momento é favorecido pelo equilíbrio de nossos planos mental, material e espiritual, que trabalharão em conjunto para beneficiar uma questão ou um projeto.

A lei, a ordem, a magistratura, o direito, as carreiras públicas e a política são comandadas por esse arcano.

Contratos, documentos, burocracias e processos judiciais poderão ser resolvidos de forma harmoniosa desde que sejamos justos. Esse arcano não tolera falsidades nem mentiras e sempre traz resultados do que foi plantado de maneira consciente ou não.

Significados gerais: ganhos de acordo com os méritos; divórcio; separação afetiva; assinatura de papéis; contratos; ações judiciais que terão resultados justos; leis de causa e efeito; colheita; justiça divina agindo em todos os níveis da vida; inteligência em ação; concretização; estabilidade; responsabilidade pessoal; honestidade; sinceridade e verdade; necessidade de compreensão das leis divinas e humanas.

Espiritual: equilíbrio divino e poder interior serão essenciais para que você possa obter êxito e vitória em suas conquistas. Leis kármicas (ação e reação).

Amor: Sinta o amor e as emoções de forma equilibrada. Esse é um momento de ponderação e possibilidade de afastamento por falta de afeto. A honestidade, a harmonia, a verdade e a sinceridade são os melhores caminhos para vencer qualquer dificuldade a dois. Divórcios e separações também poderão acontecer.

Trabalho e finanças: essa é uma fase em que você poderá colher os frutos do que foi plantado há algum tempo. De forma justa, todas as dificuldades serão vencidas. Uma nova perspectiva de trabalho poderá surgir, bem como promoções, aumento de salário e contratos. Mas é preciso entender que tudo isso só virá por merecimento. Seu eu interior entrará em equilíbrio, propiciando sucesso, vitória e harmonia. Você conseguirá equilibrar as finanças com a ajuda de heranças ou dinheiro recebido. É o momento ideal para realizar todos os seus desejos. Aproveite essa oportunidade para fazer investimentos, estabelecer acordos e obter bom rendimento. Assinatura de papéis importantes.

Saúde: de modo geral, a saúde estará em equilíbrio, mas será necessário dedicar atenção especial ao coração e à pressão arterial. Diabetes e labirintite poderão ser pontos de fragilidade.

9
O Eremita

O Anjo do Tempo

Paciência, calma, solidão, reflexão, estudos, lentidão, sabedoria e prudência.

O Eremita traz a mensagem de que é necessário ter calma, paciência e esperar antes de agir. É a oportunidade perfeita para entrar em contato com o plano espiritual e refletir, pois, nesse caso, é necessário aprender para amadurecer em algum aspecto da vida. De toda forma, cabe manter a calma e deixar o espírito e a mente livres de qualquer sentimento de ansiedade.

Analise com tranquilidade todos os ângulos da questão, a fim de tomar a decisão mais oportuna no momento adequado. Não agir também é ter sabedoria, esperar o tempo certo da colheita e não forçar o andamento da situação.

Aproveite esse momento para se recolher, meditar, prestar atenção ao mundo interior e cultivar a sabedoria. Se você estiver sentindo solidão, não desanime nem fuja dela, pois esse é um encontro precioso consigo mesmo.

O Eremita transmite o ensinamento de que a melhor forma de curar uma ferida causada por ansiedade, frustração e precipitação é o próprio tempo. Nesse momento, você precisa dedicar-se a si mesmo e esperar. Aproveite para aprender mais a seu respeito nesse ciclo de introspecção.

Não aja de forma impulsiva e impensada. A carta indica que é necessário ter calma e paciência em todos os aspectos, confiar no tempo e adquirir aprendizados. Para conseguir resultados benéficos e positivos, tenha paciência.

Esse arcano traz uma força especial aos estudos e à inteligência, favorecendo cursos superiores e aprofundamentos de forma ampla.

Significados gerais: solidão; introspecção; recolhimento; ocultação dos sentimentos; frieza; demora; paciência; longevidade; busca por si mesmo; reflexão; espera necessária para encontrar a verdade no sentido mais amplo e absoluto possível; tempo; prudência; autoconhecimento; busca espiritual; pesquisas; estudos; sabedoria; intelecto; reclusão e emoções guardadas para si.

Espiritual: busque conhecimentos e aprendizados que promovam o autoconhecimento. Essa é a oportunidade ideal para aprender por meio da paciência. Recolhimento e meditação.

Amor: esse é um momento de solidão, em que você deverá se resguardar para aprofundar seu autoconhecimento. Isso também o ajudará a viver um futuro amor de forma mais plena, sábia e madura. Tenha bastante paciência para lidar com os problemas afetivos que poderão surgir e preste mais atenção ao mundo interior.

Trabalho e finanças: sempre faça uso da inteligência e da paciência para resolver um problema de qualquer natureza. Tenha cautela, calma e sabedoria para não se precipitar. Nas finanças, não faça nenhum investimento, pois o momento não é apropriado para isso. Tome cuidado com a maneira como gastará seu dinheiro; o ideal é poupar. Se houver problemas e preocupações, essa carta mostra lentidão para que as coisas se resolvam.

Saúde: longevidade. Atenção especial à melancolia e à depressão. Tratamentos alternativos, terapias integradas e homeopatia são caminhos de grande resultado com esse arcano. Toda forma de autoconhecimento é favorecida.

· 10 ·
A Roda Da Fortuna

O Anjo da Mudança

Modificações, mudanças repentinas, alterações, ascensão, progresso, prosperidade, riqueza, força, imediatismo, acontecimentos rápidos e conquistas.

A Roda da Fortuna indica mudanças rápidas, voluntárias ou não. O destino atuará em sua vida de forma imediata, e você obterá novas vitórias e conquistas. Prepare-se, pois acontecimentos inesperados estão por vir em um futuro bem próximo.

Esse arcano faz com que paremos um pouco para refletir sobre o que acontece em nosso íntimo, no plano espiritual, sem que possamos ter controle sobre isso. Nesse caso, o destino é fonte de novos e constantes aprendizados, bem como de novos fatos e da perenidade da vida.

A Roda da Fortuna é a força que move nosso destino, trazendo felicidade e tristeza, vitórias e derrotas, ganhos e perdas, mas sempre nos levando a um novo estágio. Em outras palavras, representa a dualidade da vida, que move e impulsiona tudo e todos.

Com essa carta, a vida muda. Não devemos esperar estabilidade, pois provavelmente as coisas não continuarão como estão! As mudanças serão prósperas e acontecerão em breve. Não devemos nos esquecer de que a vida nunca para, está em constante movimento, e de que o universo trará boas energias para amparar as mudanças.

De forma geral, essas mudanças são predestinadas, fazem parte do processo evolutivo, são constantes e trazem reviravoltas.

Significados gerais: mudanças ainda não definitivas, porém necessárias e bem-vindas; progresso; manifestação de abundância e riqueza; prosperidade; fortuna; destino; rapidez; acontecimentos imediatos; novas conquistas; movimento; ascensão; sorte; êxito, evolução e instabilidade (altos e baixos).

Espiritual: é necessário buscar mudanças; a prosperidade e as energias positivas residem nesse processo de sair do lugar. A renovação é essencial para a purificação do ser e para a expansão dos planos físico e espiritual.

Amor: o destino traz consigo boas mudanças e a possibilidade de um novo relacionamento. Acredite que nada em sua vida permanecerá por muito tempo como está, mas é necessário permitir que tais mudanças ocorram. Por mais que o momento seja de instabilidade, o futuro trará sucesso e satisfação amorosa. Novidades repentinas.

Trabalho e finanças: sua vida profissional trará novas perspectivas de progresso. Contudo, não sinta medo da instabilidade. Essa fase incerta é necessária para que as mudanças possam se consolidar e gerar novos ganhos. Progresso e crescimento definirão sua nova fase profissional. Embora possa haver dificuldades financeiras, em breve elas serão vencidas e superadas. Ganhos inesperados e riqueza o aguardam. Mesmo que uma tempestade ocorra, haverá sempre um céu azul em seguida. Crescimento, progresso, vitória e boa sorte.

Saúde: atenção a qualquer tipo de excesso recorrente. Fique atento aos problemas aparentemente não perigosos ou às questões recorrentes que afetam o equilíbrio do corpo físico.

11
A Força

O Anjo da Permanência

Entusiasmo, vigor, força, ânimo, persistência, perseverança, esforço e resistência.

A Força traz vitalidade, persistência, perseverança, força e vitória. Esse é o momento ideal para entrar em contato com seus desejos mais íntimos e se esforçar ao máximo para atingir metas. Aqui existe força, resistência e coragem para encarar e superar os obstáculos e as dificuldades.

Use a força interna para combater as adversidades. Não permita que as sombras interiores tenham qualquer domínio negativo sobre você. Descubra sua força e crie uma atmosfera de magnetismo pessoal para as coisas boas. Use a criatividade. Seja otimista, e seu caminho será repleto de boas perspectivas.

Esse arcano traz uma necessidade grandiosa de colocarmos nossos esforços para trabalhar em busca de sonhos, desejos e ideais. Além de iluminar a força interior, ele desperta as potencialidades positivas e a coragem para seguir em frente.

Independentemente do aspecto de sua vida que estiver analisando, A Força sempre traz uma energia positiva e construtiva, de motivação e sucesso, conquistas e permanência.

Pede cuidado especial quanto ao excesso de controle, ao autoritarismo e à inflexibilidade, ao mesmo tempo que nos adverte para transcendermos nossas forças instintivas, transformando-as em sabedoria e energia positiva.

Significados gerais: força interior; vitalidade; energia criativa; sexualidade; sentimentos primitivos; desejos; coragem; engajamento; resistência; permanência; determinação; necessidade de transformar o profano em sagrado; entusiasmo; reconhecimento dos esforços empenhados; ânimo; resistência; equilíbrio da energia mental; domínio de si mesmo e dos instintos; necessidade de cumprir um objetivo até o fim.

Espiritual: traz a necessidade de usarmos a força, a coragem e a persistência para realizarmos nossos objetivos, enfrentarmos nossos medos e nossas dificuldades. Essa força inesgotável é proveniente da nossa própria alma.

Amor: possibilidade de novos compromissos. É provável que você encontre relacionamentos passionais, ardentes e intensos por isso deverá ter atenção. Essa carta oferece grande força para derrubar obstáculos. Contudo, é preciso tomar bastante cuidado com sentimentos sombrios, como possessividade, ciúme e obsessão, que poderão causar danos irreparáveis ao relacionamento. Do ponto de vista positivo, traz permanência e atração física e espiritual.

Trabalho e finanças: é necessário tomar as rédeas da situação. A posição de liderança se amplia, e o esforço poderá trazer colheitas significativas em breve. Quando descoberta, a força que reside em cada um de nós pode ser usada para vencer qualquer obstáculo. É importante prestar atenção às finanças para não cometer abusos. Trata-se de um momento delicado, em que é necessário economizar e evitar gastos supérfluos.

Saúde: cuide do corpo de modo geral. Cansaço físico e mental pode ser recorrente, bem como problemas relacionados aos órgãos sexuais e reprodutores. Ansiedade e nervosismo poderão se manifestar de alguma forma.

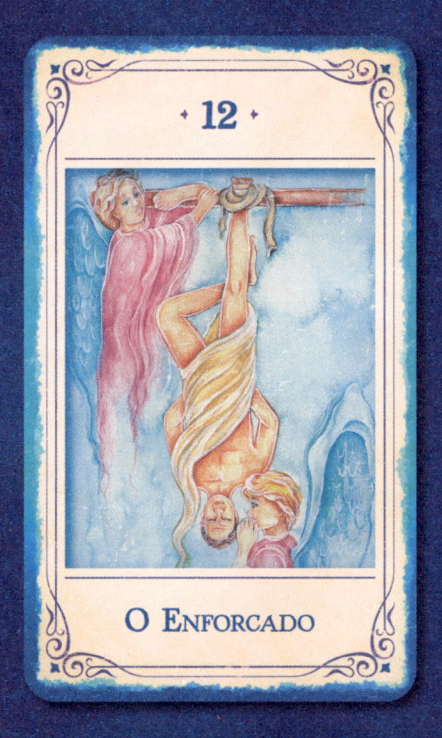

12
O Enforcado
O Anjo do Sacrifício

Karma, resgate, sacrifício voluntário e crescimento interior.

O Enforcado traz uma mensagem importante: às vezes, precisamos fazer alguns sacrifícios em prol de objetivos maiores em nossa vida. Entenda que isso não implica, necessariamente, sofrer; porém, quando vivenciamos esse arcano em alguma área de nossa vida, temos a sensação de que não seremos capazes de suportar o fardo. Nesse caso, falamos do sacro ofício, ou seja, do trabalho sagrado, somente possível por intermédio da dedicação, do amor e da atenção plena. Compreenda que se acomodar diante de uma situação difícil e permanecer na inércia, além de trazer regressão e retrocesso, causam sensação de mal-estar e de objetivos inalcançados e mais frustração.

Por isso, use esse momento para acreditar mais na sua força interior e colocar em prática seus projetos de vida, doando-se ao extremo e superando todas as dificuldades internas e externas. Ao longo da vida, muitas experiências trazem consigo outras que julgamos superiores ao que acreditamos merecer.

O Enforcado também está aqui para nos lembrar de que alguns sofrimentos são parte de nosso aprendizado pessoal e de nossa evolução. Pode indicar, ainda, um momento de paralisação e de entrega (no sentido negativo) e nos causar o desejo de abandono e tristeza. Temos de nos dedicar de corpo e alma e, quando necessário, fazer alguns sacrifícios, pois esse é um momento de doação interior que só nós podemos realizar e empreender para que haja libertação.

Esse arcano também pode assinalar um momento kármico, relações difíceis, sofrimentos profundos e aprisionamentos, que, ao serem compreendidos e superados, se transformam em luz, bênção pessoal e fortalecimento da alma.

Significados gerais: crises; provações; disposição para sacrificar-se; abandono; estagnação; regresso a si mesmo; bloqueio no desenvolvimento; karma; resgate; renúncia a algo superior; parada para reflexão; paciência necessária para enfrentar dificuldades; sofrimento; dor; castigo por trair a si próprio e recusa.

Espiritual: necessidade de encontrar um caminho espiritual por meio de sacrifícios e dedicação extrema. Karmas, vidas passadas e necessidade de superação. O aprendizado pode ser doloroso, mas é necessário e útil.

Amor: momento para reavaliar pessoas e relacionamentos que causam sofrimento. Karmas, bloqueios e estagnação. É possível que haja necessidade de fazer sacrifícios por pessoas trazidas de experiências e vidas passadas que passam a fazer parte da vida atual. Cuidados emocionais são essenciais para não permitir que tristeza, abandono e solidão invadam a alma e o coração.

Trabalho e finanças: momento que pede sacrifícios para vencer alguns obstáculos e amadurecer profissionalmente. Sofrimento no ambiente de trabalho. Não abandone seus sonhos e ideais quando as dificuldades aparecerem. Procrastinação, estagnação, preguiça e acomodação poderão prejudicar todos os objetivos de vida. Já nas finanças, o momento é de recolhimento, pois os obstáculos serão grandes nessa fase. O importante é economizar e investir futuramente em algo que traga real retorno e valor para você. Indicação de dificuldades financeiras.

Saúde: cuidado com depressão e problemas como cansaço físico e apatia. Saúde frágil pelo desgaste de energia; problemas kármicos.

13
A Morte

O Anjo da Transformação

Mudanças, transformação, fim de ciclo, libertação e desapego do que já não faz sentido.

A Morte traz uma mensagem de renovação. Ela se refere ao fim de um ciclo para que um novo se inicie, e, dessa forma, você possa se libertar de tudo o que já não tem serventia nem faz sentido em sua vida.

O significado da morte nesse arcano não significa fatalidade, mas rompimento para que possa haver regeneração. Nesse caso, a ordem é finalizar, encerrar, virar a página e encarar o fim para que haja oportunidade de recomeço.

É preciso praticar o desapego de tudo o que já não tem valor. As mudanças devem ser profundas para abrir espaço ao que deverá chegar. É uma chance real para que você possa mudar em diferentes aspectos, progredir e evoluir. É a ascensão a uma fase tranquila, harmônica e de alegrias, mas não se esqueça de que é necessário encarar essas mudanças e não oferecer resistência.

A Morte favorece vários tipos de mudanças na vida, sejam elas mais brandas ou mais radicais. Tudo o que se tornou desnecessário deve ficar para trás; porém, a confiança no novo será revigorante.

É o momento de realizar uma limpeza e respeitar os ciclos de morte e renascimento para que a vida evolua e prospere.

Significados gerais: mudanças profundas e radicais em vários aspectos da vida (interna ou externamente), também podendo indicar mudança de condição emocional, mental ou espiritual negativa ou até mesmo mudança de casa, cidade, estado, país ou religião. Oportunidade de romper com tudo o que já não tenha valor; término; separação; renascimento; fim necessário; libertação; despedida; desapego; fim de um ciclo para o início de outro; transformação; destruição seguida de renovação; encerramento; destruição de limites e regeneração.

Espiritual: traz a necessidade de renovação, transformação e regeneração da alma e da espiritualidade. Novas mudanças estão por vir. Crenças e valores podem e devem mudar. Não sinta medo do desconhecido; deixe as mudanças profundas agirem sobre o espírito. Fim de ciclos.

Amor: crises ou perdas poderão ocorrer para que haja a finalização de um ciclo que talvez já não esteja trazendo felicidade e para que, dessa forma, sua vida afetiva se renove com outro relacionamento. É uma fase propensa a rompimentos e términos de relacionamentos. Não se feche para isso e permita-se continuar no caminho da renovação. Transformação.

Trabalho e finanças: as mudanças e os rompimentos nessa fase poderão se traduzir em algo significativo para você no futuro. É hora de renovar sua vida no âmbito profissional. Possibilidade de fim de uma tarefa ou de mudança de local de trabalho. Encerramentos. Nas finanças, trata-se de um momento delicado e com possíveis perdas. Investimentos deverão ser evitados.

Saúde: de modo geral, haverá melhoras significativas na saúde, pois os problemas terminarão.

14
A Temperança

O Anjo do Perdão

Harmonia, paz, equilíbrio espiritual, alquimia interior, perdão, proteção, autoconfiança e energias positivas.

A Temperança surge para nos libertar de toda e qualquer forma de ansiedade, dando lugar ao equilíbrio interior, e, assim, eliminar muitas situações negativas da vida.

Um lembrete importante: devemos agir com moderação, mas sempre com autoconfiança em nós mesmos e no fluxo natural da vida e do universo.

Esse arcano traz proteção divina, paz e harmonia para que todos os nossos conflitos, internos ou não, possam ser resolvidos da maneira mais calma e tranquila possível.

A Temperança também nos revela que as amizades e os vínculos sinceros são de grande importância e devem ser preservados para que nunca nos faltem ajuda e compreensão. Se tivermos fé na energia interior, poderemos nos conectar com as conquistas mais importantes e significativas.

Esse arcano favorece a harmonia, a paz e o equilíbrio interior, bem como a serenidade e a sensatez, para tomarmos decisões corretas ao longo da vida. É o momento ideal para termos calma e paciência, esperarmos e confiarmos, pois os resultados futuros serão positivos. Há influência positiva sobre as emoções, como uma alquimia interior que transforma chumbo em ouro e leva luz às sombras pessoais.

Outro aspecto importante dessa carta é o perdão. É preciso fazer as pazes com algo ou alguém, reconciliar-se consigo mesmo, conceder o amor fraternal e purificador, liberta-se das mágoas e dos ressentimentos.

Significados gerais: tranquilidade; paz interior; seriedade; bondade; fluxo contínuo de energia; fluidez; intuição; equilíbrio; benevolência; ponderação; cooperação; calma; harmonia; autoconfiança; proteção; coerência; moderação; boa saúde; longevidade; paciência e adaptação; amizade; fidelidade; companheirismo; verdade; sentimentos puros; durabilidade; afeto; bons relacionamentos; progresso lento e compreensão. Em sentindo mais divinatório, também poderá representar contatos com países estrangeiros ou viagens a lugares distantes.

Espiritual: A Temperança traz proteção e equilíbrio. É necessário refletir para se encontrar em uma esfera de tranquilidade e, dessa forma, viver com plenitude. Paz interior, meditação, confiança e serenidade. Alquimia da alma e perdão como fonte de cura interior.

Amor: paz nos relacionamentos afetivos transformarão seu mundo interior. Almas companheiras que se encontram; fidelidade; afetos sinceros e amizade. Deixe que as energias positivas fluam de forma natural. É uma fase de tranquilidade, paz e aconchego. Momento para evitar a ansiedade. Favorece as reconciliações e o perdão.

Trabalho e finanças: a tranquilidade, a serenidade e a estabilidade deixarão sua vida profissional mais plena. Haverá vitória, e isso trará muitos benefícios para o trabalho. Viagens e contatos com outros países também serão possíveis. Fluidez sem grandes novidades. Não espere que grandes mudanças aconteçam repentinamente. Nas finanças, o momento é de tranquilidade. Aja com equilíbrio, sem cometer atos impulsivos. Com confiança e calma, as dificuldades serão superadas.

Saúde: de forma geral, sua saúde está protegida, mas é preciso tomar cuidado a mais com os rins e o sistema circulatório, bem como com a retenção de líquidos no organismo. Cura.

15
O Diabo

O Anjo do Desejo

Ilusão, paixão, golpe de sorte, aprisionamento, luxúria, obsessão, sedução, inveja, mentira e acaso.

O Diabo é o arcano que nos adverte do perigo das ilusões, das projeções e das paixões que nos escravizam e nos condicionam de maneira negativa, seja por pessoas, seja até mesmo por tudo o que vamos criando nas sombras do nosso mundo interior.

Quando essa carta surge em uma leitura, é clara a mensagem de que não devemos nos deixar levar por ilusões e situações enganosas, por mais que sejam reluzentes e apaixonantes. Ceder a essas situações tentadoras é dar força para que a decepção, a tristeza e o sofrimento se manifestem. É necessário aprender a não se entregar às paixões da vida de forma prejudicial, intensa e obsessiva, nem de qualquer outra maneira que possa causar algum tipo de desgaste físico, emocional, mental ou espiritual.

Esse arcano mostra a necessidade de tomar cuidado com situações desgastantes e ilusórias, como paixões que podem subtrair mais que somar, relações abusivas, mentiras, falsidades e armadilhas de pessoas que não se mostram de verdade.

No tarô, raras vezes O Diabo poderá indicar golpes de sorte em relação a dinheiro e jogos de azar; porém, ele nunca assegura o sucesso, pois é hábil em ludibriar, enganar, escravizar e manipular.

De forma geral, traz os desejos e as consequências negativas das paixões cegas, da magia sexual, da vaidade, da sedução e do jogo de poder mais sombrio.

Significados gerais: ilusões; mentira; engano; falsas crenças em relação a si mesmo e ao mundo; sombra; inveja; cobiça; magia sombria e negra (aqui, não se limita à magia ritualística, mas também representa a magia negativa e malévola de pensamentos e desejos); falsos profetas; escravidão; paixões que cegam; obscuridade; falsidade; negligência; manipulação; falta de comunicação;

dificuldade de expressão; força operante do astral inferior que limita; traição; vício; maledicência; preguiça; luxúria; abuso; falta de ação; manipulação; escuridão que necessita de claridade; dependência; desejos ardentes; sensação de pecado; amarrações; forças negativas controlando o destino; sedução; sentimentos profanos; obsessão; emoções violentas e sexualidade desenfreada.

Espiritual: indica a necessidade de dissipar energias negativas; magia negativa; inveja; manipulação e vampirismo espiritual. Falsas crenças e fanatismo.

Amor: ilusões e projeção quanto ao relacionamento ou a uma pessoa. Sensualidade e paixão podem ser algo mais perigoso que prazeroso; escravidão afetiva; submissão emocional e aprisionamento da alma. Traições, mentiras e enganos. Sexualidade à flor da pele. Ciúme, obsessão e controle.

Trabalho e finanças: não crie ilusões nem falsas esperanças sobre o progresso no trabalho. Tenha cuidado com os invejosos. Energias negativas podem fazer o desempenho retroceder. Proteja-se de inimigos, tanto no plano físico quanto no espiritual. Use seus dons e talentos de forma honesta e leal aos seus ideais e desejos verdadeiros. Nas finanças, O Diabo traz a sorte, mas também a possibilidade de fraude, enganos e traição. Necessidade de atenção para não se envolver erroneamente em sociedades nem fazer investimentos que, mesmo parecendo muito bons, poderão trazer prejuízos. Ganhos inesperados podem surgir como golpe de sorte, mas não deixe o dinheiro controlar a situação.

Saúde: órgãos reprodutores devem ter atenção maior, bem como doenças sexualmente transmissíveis.

16
A Torre
O Anjo da Reconstrução

Libertação, desapego, reconhecer erros e desilusões.

Esse arcano traz a necessidade de libertação do que foi construído de forma ilusória e nos confronta com situações de ruína e desmoronamento muitas vezes inesperadas. Tudo o que vivenciamos com essa carta tem a finalidade de nos ajudar a quebrar padrões antigos e a superar a vaidade e o egocentrismo para evoluir. Devemos aproveitar esse momento para nos desapegarmos do passado, abandonar as sombras, renovar a vida de forma geral e limpar os escombros. Essa mudança poderá ser significativa e agregar novos valores à vida.

Temos de compreender que, mesmo quando perdemos, somos vencedores, e que tudo o que é construído de maneira superficial pode desmoronar. Por mais que tenhamos medo do desconhecido e sejamos surpreendidos por alguns acontecimentos, não devemos alimentar o medo e a insegurança.

A Torre também pode trazer crises de depressão, isolamento e rupturas, e seus acontecimentos repentinos mexem com muitas estruturas internas e externas. Nesse caso, a vida pede reformulação, reconstrução e realinhamento dos sonhos, dos propósitos e das metas. Mesmo que haja sofrimento, dor e falta de visão ou clareza para o futuro, novos caminhos precisam ser trilhados.

Devemos fazer bom uso da sabedoria adquirida com todas as experiências desse arcano para alcançar nossos objetivos e nossas metas. Às vezes, as perdas são necessárias para que possamos criar perspectivas e planos de vida. Temos de usar os problemas para aprender lições. Esse não é o momento ideal para novos empreendimentos, pois é necessário parar para refletir, reestruturar o caos e evitar perdas semelhantes no futuro.

Significados gerais: mudanças repentinas; golpes; queda; declínio; desilusão; perda material; ruína nos negócios; conflito;

destruição de estruturas que não são mais seguras; falta de dinheiro; crise emocional ou econômica; fracasso no trabalho; rasteira inesperada do destino. No entanto, por piores que pareçam, todos esses acontecimentos antecedem uma reconstrução sólida. Redirecionamento; reformulação; desapego do passado ou de condições e pensamentos negativos diante da vida; libertação da prisão interior; modificações repentinas e surpreendentes; necessidade de abrir a mente e encontrar novas perspectivas a partir de uma possível perda para evoluir. Destruição da vaidade, do orgulho e da prepotência.

Espiritual: é necessário olhar para dentro de si e não se enganar. Superação de traumas; reestruturação de crenças e valores. Perdas e derrotas trazem aprendizados relacionados à vaidade e ao orgulho. Autoconhecimento.

Amor: esqueça o passado e todos os sentimentos negativos que possam causar ansiedade, angústia e tristeza. Crises e rompimentos podem resultar em tristeza. Depois de algumas tempestades, novas oportunidades poderão surgir, e a renovação trará sentimentos de paz, harmonia e tranquilidade no futuro. Rompimentos, crises e separações no campo afetivo. Isolamento e traumas do passado interferem no mundo interior.

Trabalho e finanças: reestruturação que será vivida em breve. Mudanças serão favorecidas, mas, para isso, é preciso passar por momentos de aparentes perdas e rompimentos. É importante compreender que nem todos os rompimentos são ruins; ao contrário, podem trazer libertação e renovação quando superados. Nas finanças, as crises o ajudarão a evoluir em diversos aspectos. Não faça investimentos nem tenha gastos supérfluos nessa fase.

O ideal é refletir sobre as finanças, os valores atribuídos às coisas e a importância que os bens materiais ocupam em sua vida.

Saúde: cuidado com dores de cabeça, coluna vertebral, ansiedade, depressão e desequilíbrios emocionais.

17
A Estrela

O Anjo da Esperança

Alegria, felicidade, proteção divina, harmonia, plenitude, equilíbrio, sorte, fé, esperança, êxito e conquistas.

Esse arcano indica necessidade de renovação das esperanças e de ter mais fé na proteção divina que nos acompanha. Essa fé pode ser uma devoção profunda na divindade, mas também não devemos nos esquecer de que há grande poder interior em cada um de nós. Muito em breve haverá alegrias e felicidade, pois existe um futuro bom e luminoso. Essa é a mensagem mais importante dessa carta.

Nesse caso, a lição é aprender a ser mais feliz, a lutar para conquistar desejos e sonhos de vida e a cultivar a positividade e a confiança plena. Esse é o momento de se conectar com o universo por meio do otimismo, da esperança e da alegria de viver, que ajudarão a abrir caminhos e a unir-se com o sagrado, independentemente da religião, pois A Estrela nos revela a fé inabalável.

Essa carta favorece a proteção divina em todos os aspectos, amplia o amor incondicional, traz cura, fortalece vínculos verdadeiros e ajuda a encontrar um bom futuro.

Significados gerais: proteção; tranquilidade; concretização dos desejos sinceros; alegria; triunfo; novas perspectivas; harmonia entre o espírito e a matéria; verdade; confiança nas leis espirituais e em si mesmo; clareza; inspiração; sabedoria divina; milagres; esperança; otimismo; nova vida; saúde; longevidade; evolução; contato espiritual; renovação; ajuda; desprendimento material; dons; talentos; harmonia; suavidade; progresso; sensibilidade e amor espiritual.

Espiritual: proteção divina, necessidade de acreditar mais e cultivar a fé na vida e em si mesmo. Energias positivas colaborarão para atrair o que você mais deseja. É o caminho verdadeiro da esperança e do otimismo que vão desabrochar dentro de você.

Amor: momento pleno e feliz para viver um amor. Renovação e esperança trarão fé ao verdadeiro amor. É necessário dedicar-se mais aos pensamentos positivos para que as dificuldades sejam vencidas. Esse arcano traz a possibilidade de um amor duradouro e até mesmo um reencontro de amores de vidas passadas, podendo também proporcionar um encontro de almas gêmeas. União abençoada, renovação e afetos sinceros.

Trabalho e finanças: momento de realização de desejos. Oportunidade para que a proteção divina traga bênção, sucesso e progresso no trabalho. Indica a necessidade de ter fé para renovar as esperanças, pois um momento feliz e carregado de energias positivas está por vir.

Brilho pessoal, dons e talentos sendo descobertos. Nas finanças, iminência de momento próspero. O plano espiritual ajudará a derrotar os obstáculos. Pensamento positivo, esperança e fé serão necessários para vencer as dificuldades, se elas surgirem. Em breve, você colherá muitas recompensas. Momento oportuno para investimentos e prosperidade.

Saúde: de forma geral, a saúde está protegida e bem. Há energias positivas trabalhando para que qualquer problema seja dissipado. Renovação energética, cura e longevidade.

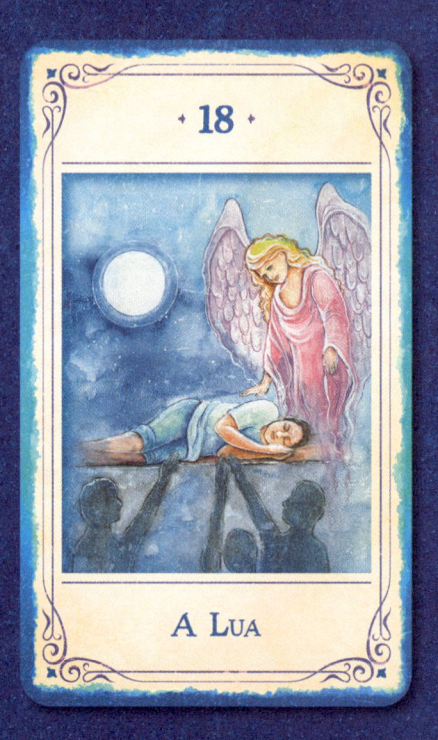

18
A Lua

O Anjo da Intuição

Mudanças, magia, revelação de segredos, escuridão, instabilidade emocional e intuição.

A Lua mostra um momento de instabilidade, sobretudo emocional, no qual devemos atravessar mudanças e inconstâncias. É preciso desprender-se do mundo das fantasias e dos sonhos e voltar-se um pouco mais para o mundo real. É hora de começar a viver e compreender as coisas de forma mais realista e parar de criar expectativas irreais sobre as mais diversas situações.

Relacionada à magia e à intuição, A Lua pode nos servir como mensagem importante para percebermos questões profundas do inconsciente, entrarmos em contato com os mistérios da alma e percorrermos nossos labirintos internos, mas sem nos perdermos.

Essa é uma boa hora para promovermos mudanças de local de trabalho ou casa, planejarmos viagens e não esperarmos por estabilidade.

Outro alerta importante é para nos protegermos de inimigos, visíveis ou invisíveis, ocultos ou declarados, e mantermos controle absoluto das emoções.

Esse arcano nos lembra da figura que temos de nossa mãe e do quanto ela nos influencia de algum modo. Também traz memórias do passado dessa vida e de outras encarnações e, de certa forma, indica que temos medo do futuro por traumas de experiências negativas. Esse arcano favorece mudanças sob vários aspectos, principalmente a necessidade de deixar as fantasias de lado, que podem ser bastante desgastantes para nosso campo emocional quando não correspondem à realidade.

Muitas vezes, criamos expectativas e devaneios muito grandes, iludimo-nos com eles e acabamos nos perdendo no meio do caminho. O recado aqui é ouvir mais a própria intuição, que é a voz interior, a fim de equilibrar emoções e atravessar a noite escura sem medo.

A Lua ainda pode revelar segredos ocultos e trazer à tona muitas questões e situações guardadas ou escondidas.

Significados gerais: sonho; fantasia; instabilidade; escuridão; depressão; desequilíbrio emocional; falta de clareza; imaginação; confusão emocional; inimigos (físicos e espirituais) ocultos; mistério; inconstância; segredo; insegurança; pesadelos; perigo e possível revelação de algo que ainda está oculto. Mergulho no desconhecido mundo interior para superar medos e bloqueios. Assim como a Lua muda de fases, essa carta traz o anúncio de algumas mudanças, que podem ser de casa, local de trabalho, cidade, estado ou país, viagens para o exterior, contatos estrangeiros ou algo ligado às cidades litorâneas.

Espiritual: necessidade de mudar as crenças e os padrões emocionais negativos. Estreitar o contato com a magia e os poderes divinos, deixando temores e aflições de lado. Confronto com inimigos espirituais. Intuição e mediunidade.

Amor: necessidade de não cair em armadilhas nem fantasiar amores e relacionamentos. Necessidade de equilíbrio emocional; medo de se relacionar; ilusões; apego a traumas do passado; situações mal resolvidas. Muitas mudanças estão por vir. Não espere por estabilidade. Haverá indecisão e instabilidade.

Trabalho e finanças: tome cuidado com inimigos e inveja no ambiente de trabalho. Aja com cautela e procure fazer as coisas com calma, sem deixar que interferências emocionais negativas atrapalhem o desenvolvimento de uma situação. A ansiedade, os medos e a inconstância emocional poderão ser motivos de bloqueios. Viagens a trabalho, mudanças em muitos aspectos e contato com países estrangeiros.

Nas finanças, é preciso ter cuidado para que a instabilidade financeira não se misture com sua vida pessoal, e vice-versa. Não crie muitas expectativas nem fantasie situações. Poupe mais e não gaste de maneira desmedida. Problemas materiais podem ter causas no campo emocional.

Saúde: problemas de ansiedade, insônia, depressão e síndrome do pânico podem surgir. Dificuldade para superar vícios. Saúde instável. Para a mulher, o momento pode indicar problemas de gravidez ou relacionados ao útero e aos ovários. Problemas ocultos.

19
O Sol

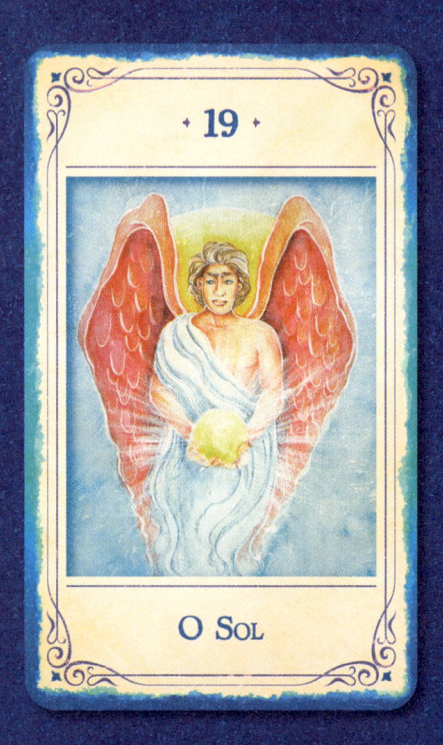

O Anjo da Consciência

Progresso, conquistas, iluminação, evolução, melhoria, consciência, plenitude, ascensão, verdade, compreensão e entendimento.

O Sol é uma das cartas mais positivas do tarô, pois anuncia uma fase de claridade e consciência, progresso e uniões favoráveis no mundo interior, e sempre traz boas notícias.

Arcano da prosperidade, da felicidade, do sucesso, da harmonia e do equilíbrio entre mente e espírito.

O mais importante é aproveitar essa luminosidade para que haja compreensão e autoconhecimento, projetando, de forma benéfica, o presente e o futuro, repletos de conquistas.

O Sol proporciona energia positiva, vibrações benéficas, além de caminhos que levam à ascensão de forma generalizada. Acreditar nessas forças positivas é fundamental para impulsionar a vida rumo ao sucesso.

A leveza espiritual acompanha todos os acontecimentos tocados por esse novo amanhecer, trazendo cura, amor, uniões e parcerias, que se desenvolvem de maneira plena.

Relacionado à figura do pai, O Sol pode nos dizer algo sobre as influências de autoridade, autoestima e vivacidade. Traz a consciência do ego como veículo realizador da alma e, ao mesmo tempo, assegura o reconhecimento de potenciais positivos, a beleza interior, o brilho pessoal e o amor-próprio, que nos levam a grandes realizações.

Significados gerais: verdade; consciência; luz; vitória; sabedoria; autoconhecimento; sucesso; esclarecimento; nascimento; luminosidade interior; clareza; criatividade; elaboração; alegria de viver; ânimo; inteligência; superação; rejuvenescimento; beleza interior e exterior; saúde; felicidade; contentamento; plenitude; amor à vida; sinceridade; renovação; progresso; compreensão; amplitude; êxito; união e entusiasmo.

Espiritual: proteção divina e plenitude no plano espiritual. Clareza de propósitos; autoconhecimento e expansão da consciência. Verdade pessoal.

Amor: será um momento de equilíbrio e progresso no amor. É preciso compreender que o amor virá como algo grandioso, profundo, verdadeiro e recíproco. Esse arcano sinaliza realizações afetivas, consolidação de afetos, casamentos, namoro e felicidade, bem como o encontro de almas gêmeas. Calor humano e espiritual, harmonia e contentamento.

Trabalho e finanças: período necessário para fortalecer a autoconfiança e realizar desejos e metas. Ótimas perspectivas estão por vir. Associações, parcerias e projetos com pessoas de boa índole. Criatividade, progresso e benefícios farão parte dessa fase. Nas finanças, oportunidades excelentes para ganhos futuros. Momento propício para fazer investimentos. É necessário conscientizar-se do verdadeiro valor do dinheiro para que a ascensão seja profunda e duradoura. Prosperidade e melhora de posição financeira e social.

Saúde: a visão pode ser afetada. A proteção divina fortalecerá a saúde, de forma geral. Cura, longevidade, saúde excelente.

20
O Julgamento

O Anjo do Renascimento

Renascimento, ressurreição, milagres, julgamentos e dádiva.

Esse arcano carrega a mensagem de que é preciso aproveitar o momento para dar espaço a uma nova vida, renascer em um tempo diferente. Deixe um pouco de lado as cobranças e os julgamentos injustos e viva de forma mais plena e harmônica.

Ouça mais a intuição e a voz interior para receber, de braços abertos, novas oportunidades. Nessa fase, sentimentos e ideias podem desabrochar, e você pode elevar-se internamente para um tempo de alegrias.

O Julgamento fala sobre a ressurreição, período de milagres, dádivas e anunciações, no qual devemos seguir o chamado interior. Também indica processos de renascimento depois de períodos de sofrimento e necessidade de se questionar mais. Milagres inesperados estão por vir, e isso trará felicidade para sua vida.

Nesse caso, os avisos, as intuições e as mensagens poderão chegar de muitas formas. Não despreze nenhum sinal enviado pelo universo.

Questões kármicas se apresentam para que sejam diluídas ou resolvidas. Processos de outras vidas e a consciência das leis de ação e reação imperam, pois O Julgamento pode anunciar que é chegado o momento de prestar contas de escolhas e decisões do passado.

De forma geral, essa é a carta dos grandes renascimentos da vida, da iluminação e dos chamados interiores que nos levam ao encontro de uma nova etapa no caminho da evolução.

Significados gerais: despertar; renascimento sem dor nem destruição; futuro; chamado divino; libertação; salvação; cura verdadeira; novo tempo; deixar o passado sofrido; intuição; ressurreição; anunciação; notícias e milagres. Pode indicar profunda ligação kármica entre pessoas e situações de vidas passadas. Essa ligação precisa vir à tona para ser resgatada e, de alguma forma, possibilitar uma libertação espiritual. Dúvidas que pedem questionamento, reflexão e decisão para se resolverem.

Espiritual: momento necessário para ouvir a intuição e a voz interior. Renascimento e milagres. Chamado espiritual para os verdadeiros propósitos de alma. Missão.

Amor: reencontros de vidas passadas, amizade, amor, renovação e ressurgimento de sentimentos em relacionamentos afetivos. Não se devem julgar os sentimentos alheios de forma precipitada e errada. As emoções poderão trazer um novo tempo, fazendo com que tristezas e mágoas fiquem para trás.

Trabalho e finanças: surpresas inesperadas estão por vir nesse momento de renovação no âmbito profissional. Para ascender, é necessário questionar-se com mais frequência e alinhar-se com propósitos pessoais. Chegada de auxílio para que haja crescimento e expansão no futuro. Convites, propostas, mensagens importantes e promoções poderão trazer notícias agradáveis. Nas finanças, melhora com oportunidades de renascimento. Não é uma fase boa para fazer investimentos, porém acontecimentos inesperados e benéficos trarão alegrias a você.

Saúde: a saúde anda bem, de forma geral, mas é necessário prestar atenção ao coração, ao diabetes e à pressão arterial.

21
O Mundo

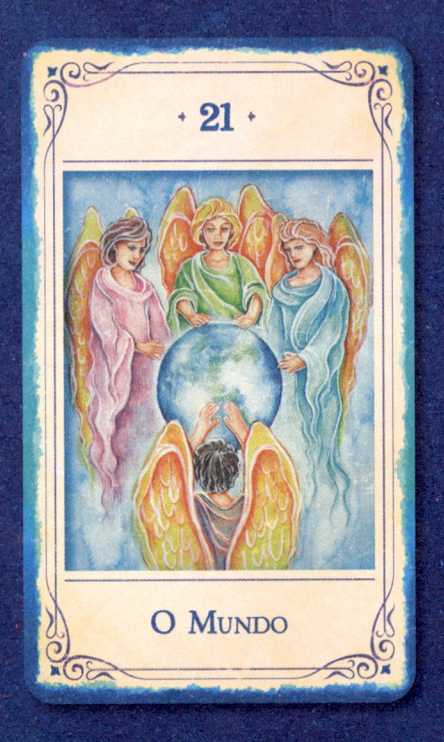

O Anjo da Vitória

Recompensas, realizações, gratidão, felicidade, ascensão, contentamento, vitória, triunfo e conquista.

O Mundo é o arcano da totalidade, do sentimento de gratidão e de todas as recompensas que a vida nos oferece. Essa mensagem é para que aproveitemos ao máximo as realizações que acompanham o destino.

Longevidade, realizações e satisfação surgem como a coroação de um ciclo importante. Todos os esforços empreendidos não foram em vão, e em breve o universo responderá positivamente.

Com essa carta, sentimos toda a felicidade do mundo batendo no coração. Desse modo, a prosperidade, a alegria, o contentamento e o sentimento de missão cumprida permearão toda a consciência. Esse é um tempo de glórias, reconhecimento, boa sorte, fortuna, amor, progresso e desenvolvimento em muitos níveis da vida.

Todos os sonhos são possíveis e se concretizarão, porque esse é o arcano mais positivo de todo o jogo de tarô e carrega consigo o triunfo, a superação e os ciclos de vitória.

Significados gerais: realização; triunfo; vitória; felicidade; recompensas; satisfação; paz; completude; sucesso; conclusão; ascensão; concretização; gratidão; fim de um ciclo com muita positividade, plenitude e celebração por algo que chega ao ponto máximo de realização.

Espiritual: fé e proteção divina para vencer qualquer dificuldade. Grandes vitórias estão por vir. Gratidão e plenitude interior. Contentamento e encontro com a totalidade do ser.

Amor: é uma fase importante para o amor se manifestar de maneira absoluta. Encontro de almas gêmeas, realização, casamentos, compromissos, namoros, noivados com harmonia, equilíbrio e felicidade. A melhor carta do tarô indica vitória no âmbito amoroso.

Trabalho e finanças: promoção, vitórias e recompensas. Mudanças muito significativas poderão ocorrer, pois há merecimento trazendo perspectivas de progresso. Energias positivas ajudarão a alcançar as vitórias no ambiente profissional. Nas finanças, todas as barreiras serão quebradas e haverá superação. Hora de investir dinheiro, bem como nos sonhos e em projetos de vida. Fortuna e riqueza serão conquistadas, mas não se esqueça da generosidade da partilha.

Saúde: a saúde está muito bem, em equilíbrio e harmonia com o universo.

CAPÍTULO 3

CONSAGRAÇÃO DO TARÔ DOS ANJOS

A CONSAGRAÇÃO

Todo tarô deve ser consagrado antes do uso prático. A consagração permite entrar em contato com as energias mais sutis, a fim de criar um elo entre o mundo físico e o espiritual, alinhando e fortalecendo a conexão do tarólogo com seu instrumento de trabalho: o *Tarô dos Anjos*.

O tarô deve ser consagrado uma única vez antes de ser utilizado em consultas para si mesmo ou para outras pessoas, e isso deve ser feito de maneira simples e em ambiente calmo, tranquilo e harmonioso. Pode ser o local de sua preferência, contanto que atenda a esses requisitos.

O ritual de consagração do *Tarô dos Anjos* sugerido neste livro não se vincula a nenhuma religião; porém, se algo desse ritual não lhe agradar ou o deixar desconfortável em relação a algum símbolo ou objeto, sinta-se livre para criar sua própria consagração com elementos que lhe tragam segurança e contentamento.

Lembre-se de que durante o ato de consagração é necessário ter postura de respeito e serenidade.

A PREPARAÇÃO

- Durante a preparação e a realização da consagração do tarô, não faça uso de nenhum tipo de drogas, alucinógenos ou bebidas alcoólicas.
- Não mexa no tarô no dia reservado à consagração.
- Alguns tarólogos têm o hábito de preservar dois baralhos de tarô, sendo um utilizado para as próprias consultas e outro para as de terceiros. Essa prática ficará a seu critério. Caso você também pretenda utilizar dois baralhos, use os dois no momento da consagração.
- Realize o ritual de consagração em um ambiente tranquilo de sua casa, reservado à entrada apenas de pessoas de sua confiança.

MATERIAL PARA A CONSAGRAÇÃO

- Um saquinho de tecido, no qual você possa guardar o baralho do *Tarô dos Anjos*. A cor desse saquinho ficará a seu critério. Ele poderá ser substituído por uma pequena caixa de madeira, pois esse material conduz boas energias.

- Uma vela amarela, que representa a sabedoria e a clareza mental.
- Uma vela violeta ou lilás, que representa a intuição e a espiritualidade.
- Uma vela branca, que representa a paz, a tranquilidade, a proteção e a força do seu anjo da guarda.
- Vaso com flores coloridas, que simboliza o elemento Terra e as alegrias da vida.
- Sete cristais variados, em especial a ametista e a pedra da lua, que fortalecem a intuição e ampliam a terceira visão.
- Uma vareta de incenso de rosas, que limpa o plano espiritual, atrai a força do anjo da guarda e confere proteção. O incenso também representa o elemento Ar.
- Um recipiente de cristal ou vidro com água, que representa o elemento Água e é responsável por filtrar todo tipo de energia.
- Um prato raso de louça branca.
- Uma toalha branca para montar o ritual de consagração.
- Lápis e um pedaço de papel branco.

A REALIZAÇÃO DA CONSAGRAÇÃO

- O ritual de consagração pode ser iniciado em qualquer horário e dia da semana. Evite a fase da lua minguante e opte pelas de lua nova, crescente ou cheia.
- Coloque o prato branco no centro da toalha branca, montando um pequeno altar.
- De maneira harmônica, organize em volta do prato os cristais, as flores, o recipiente com água, o incenso e até mesmo

alguns objetos que não tenham sido citados aqui, mas que você considere importantes para sua conexão com o sagrado. Deixe a intuição fluir e siga seu coração.
- Acenda uma vareta de incenso, invocando a presença dos anjos e seres celestiais.
- No fundo do prato, coloque um papel com seu nome de batismo e sua data de nascimento escritos a lápis. O papel deve ser colocado no centro do prato.
- Sobre o papel, acenda as três velas, mentalizando sabedoria, intuição e paz espiritual, sempre invocando a presença do seu anjo da guarda.
- O baralho deve ficar nesse altar, também ao redor do prato.
- Acenda o incenso e as velas.
- Realize a seguinte invocação em voz alta:
  Em nome do poder de todos os anjos e arcanjos celestiais, guardiões do amor e dos mistérios da vida, invoco a força transformadora do Fogo, da Terra, da Água e do Ar.

  Eu (dizer seu nome completo três vezes) invoco a eterna sabedoria, a clarividência, a clariaudiência e a abertura de meus canais intuitivos para que eu possa servir aos propósitos de evolução e crescimento de todos os seres.

  Com a proteção do meu anjo da guarda (dizer o nome do seu anjo protetor três vezes; consulte o seu na página 119), que este Tarô dos Anjos esteja sempre a serviço da compaixão, da misericórdia e do bem maior, guiando mente e coração para desvendar os mistérios da vida e do universo.
- Ao final da invocação, pegue cada carta do baralho do tarô e passe-a sobre a fumaça exalada pelo incenso. A cada carta,

mentalize seu coração emanando uma luz violeta que se reflete sobre ela e estabeleça uma conexão com as imagens.
- Deixe as velas queimarem até o final. Não as apague antes.
- Ao terminar a consagração, o baralho estará pronto para que você possa realizar as consultas.
- Jogue as sobras das velas e dos incensos no lixo e os restos de flores e frutas na natureza. Cristais, prato, copo e toalha poderão ser reutilizados em outros rituais.
- Não permita que outras pessoas utilizem seu baralho já consagrado para manipulação e consultas.
- Caso alguém toque no seu baralho fora do período de consultas, você precisará consagrá-lo de novo. Para tanto, precisará passar as cartas novamente sobre a fumaça do incenso e realizar o ritual completo.

CAPÍTULO 4

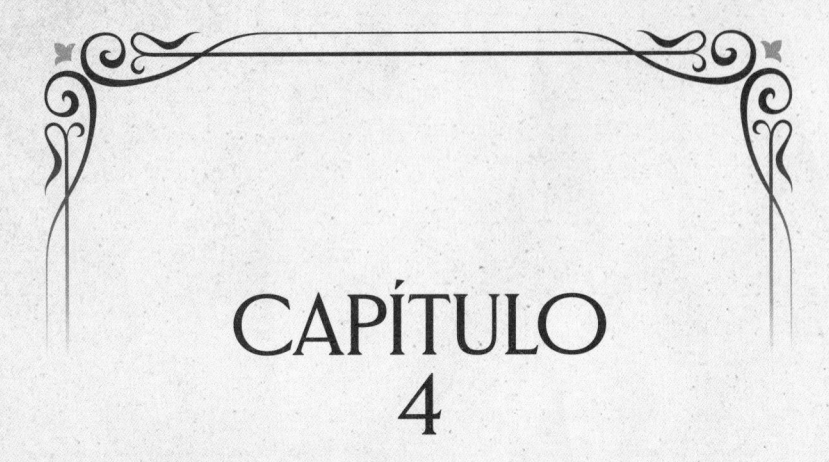

CONSULTANDO O TARÔ DOS ANJOS

Com o Tarô dos Anjos consagrado e depois de ter estudado todas as cartas e simbologias, chegamos ao momento de iniciar as leituras para si mesmo ou para outras pessoas que o procurarem pedindo algum tipo de aconselhamento.

Primeiro não se esqueça de pensar no local onde essas consultas serão realizadas e de cuidar dele. Procure sempre realizar as leituras de tarô em ambiente calmo, silencioso e tranquilo. Evite fazer qualquer consulta em ambientes que possam tirar seu foco e sua concentração.

Sabemos que a alma é nossa inesgotável fonte de conhecimento. Contudo, é preciso ter cautela em relação aos locais escolhidos para realizar as consultas, pois tudo está interligado: o mundo interno se dirige para o externo, e vice-versa.

Sendo assim, atente-se aos seguintes detalhes:

- Opte sempre por um local limpo, tanto física quanto espiritualmente.
- O ideal é fazer as consultas sobre uma mesa. Caso as faça no chão, use uma toalha apropriada para a ocasião.
- Antes de realizar uma consulta, sempre se certifique de ter ao lado um copo d'água, pedras da lua ou ametistas, uma turmalina negra e objetos que possam lhe conferir proteção. A água servirá para filtrar as energias ruins. As pedras da lua ou ametistas ajudarão a aumentar a intuição, e a turmalina expulsará energias negativas do ambiente.
- Alguns tarólogos têm o costume de passar um pouco de perfume ao redor do umbigo antes de iniciar uma consulta, para que, dessa forma, possam isolar as energias negativas.
- Ambientes claros e iluminados agradam e atraem a presença dos anjos. Desse modo, prefira locais ventilados e agradáveis.
- Caso lhe agrade, coloque uma música instrumental ambiente com sons de natureza ou algo do gênero.

INICIANDO A CONSULTA

Não existe um único método de interpretação ou tiragem para realizar a consulta do Tarô dos Anjos. Na realidade, existem vários. E você poderá escolher o que melhor lhe atender.

Independentemente do método escolhido, faça uma oração de sua preferência ou pronuncie um Salmo que traga serenidade a você e ao consulente antes de iniciar a leitura e sempre mantenha conexão com seu anjo da guarda e o do consulente.

Neste livro, sugiro alguns métodos de interpretação para o Tarô dos Anjos, mas, se você preferir, busque adaptar os de outros autores ou livros (citados na Bibliografia) para que suas consultas aconteçam de acordo com suas expectativas e intenções. Algumas pessoas preferem métodos mais sofisticados e detalhados; outras utilizam os mais objetivos e diretos. Não existe certo nem errado, mas o que sua intuição direcionar.

MÉTODOS DE INTERPRETAÇÃO – TARÔ DOS ANJOS

MANDALA DAS NOVE CASAS

Esse método pode ser bem interessante, pois ajuda a ter visão ampla da vida do consulente. Cada casa abordará individualmente um assunto ou uma esfera específica. De acordo com a carta que sair em determinada casa, você a interpretará conjugando seu significado com a área tratada.

A mandala das nove casas é muito útil para iniciar uma consulta antes mesmo de o consulente trazer dúvidas e perguntas isoladas.

Proceda da seguinte maneira:

- Embaralhe as cartas sete vezes, aleatoriamente.
- Coloque o baralho no centro da mesa e peça ao consulente que o divida em dois montes, também de forma aleatória.
- Preste atenção se o consulente o dividir para a direita ou para a esquerda dele próprio. Se levar o monte para a direita, isso significa que ele poderá ter muitas preocupações no futuro.

Se levar para a esquerda, isso indica alguém preocupado com o passado ou que ainda existem situações mal resolvidas que necessitam de esclarecimentos. Essa informação, baseada em movimentos inconscientes do consulente, será um dado importante para o tarólogo que conduzirá a consulta.

- Disponha um leque com as figuras voltadas para baixo e peça ao consulente que escolha nove cartas com as quais sinta mais conexão.
- Ele deverá entregar as cartas uma a uma, com tranquilidade e sem virá-las para o tarólogo.
- Disponha as cartas em círculo da seguinte maneira:

- Em seguida, abra uma carta de cada vez, de acordo com as casas e os assuntos por elas indicados.

Casa 1 – Consulente
Essa casa indica o momento presente do consulente, como ele se sente e quais são as suas expectativas diante da vida de maneira geral. Também pode trazer informações sobre sua energia, o que está vibrando ou atraindo, seus pensamentos e suas ideias.

Casa 2 – Preocupações
Essa casa aborda as preocupações e os obstáculos do momento atual ou de situações que vêm trazendo desgaste ao consulente. Nesse caso, devemos ter o cuidado de interpretar as dificuldades mais significativas e oferecer orientação para que o consulente consiga vencer e superar seus conflitos. Em outras palavras, temos de indicar possíveis soluções.

Casa 3 – Saúde
Essa é a casa que analisa a saúde do consulente em todos os níveis: física, mental, emocional e espiritual.

Casa 4 – Trabalho
Essa casa indica os assuntos do campo de trabalho e da carreira profissional, todos os sonhos, as estratégias, os caminhos e as preocupações dessa área.

Casa 5 – Finanças
Essa é a casa do dinheiro, dos investimentos financeiros, dos bens

materiais e dos valores pessoais e íntimos, caso o consulente não tenha questões financeiras a serem analisadas.

Casa 6 – Amor
Essa é a casa dos relacionamentos, do namoro, do casamento, das paixões e dos flertes. Assuntos do coração e tudo o que possa envolver alianças afetivas.

Casa 7 – Família
Essa é a casa dos assuntos familiares, dos avós, dos pais, dos filhos, dos irmãos e de todas as relações que façam parte da família do consulente.

Casa 8 – Mudanças
Essa é a casa dos acontecimentos futuros, das mudanças esperadas e das não planejadas, do que pode e deve ser mudado na vida do consulente e de que forma essas mudanças acontecerão ou não.

Casa 9 – Mensagem dos Anjos
Essa casa finaliza a leitura da mandala das nove casas e traz uma mensagem de grande importância. Devemos interpretar a carta como um desfecho ou um conselho do anjo da guarda do consulente.

Pode ser uma síntese de toda a mandala, um assunto ou uma esfera da vida que não tenha sido abordada durante a leitura.

Nessa casa, a intuição do tarólogo será de grande importância para a compreensão e a transmissão da mensagem.

Importante: todas as casas poderão demonstrar alertas, mensagens ocultas ou reforçar bloqueios e dificuldades da vida do consulente;

porém, de alguma forma, deverão finalizar com orientações positivas e caminhos de solução de acordo com a carta que nela estiver, pois, como sabemos, nenhuma carta é totalmente maléfica e todas carregam forte mensagem de reflexão.

As cartas consideradas difíceis (O Enforcado, A Morte, O Diabo, A Torre e A Lua) são oportunidades de crises que podem se transformar em reconstrução e aprendizados profundos da alma.

PERGUNTANDO AO TARÔ DOS ANJOS

Após interpretar a mandala das nove casas ou outro método de sua preferência, embaralhe novamente as cartas, pelo menos sete vezes, da esquerda para a direita, e corte o baralho.

Diante do consulente, abra um leque para que ele possa escolher qualquer carta.

As perguntas realizadas pelo consulente devem ser sempre em voz alta e do modo mais claro e direto possível. Depois da pergunta, peça ao consulente que retire três cartas do baralho de forma aleatória, mas sem mostrar as figuras.

As cartas devem ser dispostas da seguinte maneira:

De acordo com a ilustração na página anterior, o tarólogo deverá virar as três cartas e fazer a interpretação seguindo a mesma sequência com que foram retiradas.

COMO FAZER A INTERPRETAÇÃO DAS TRÊS CARTAS

Cada carta do tarô tem uma numeração específica. Para essa interpretação, vamos considerar apenas os 22 arcanos maiores.

Ao abrir as três cartas e antes de dar uma resposta, realize a soma das numerações.

O resultado deve estar compreendido entre os números 1 e 22. Caso a soma ultrapasse esse número, reduza-o até encaixá-lo nesse intervalo.

Por exemplo:

O consulente pergunta: **Vou me casar este ano?**

As três cartas retiradas pelo consulente foram: A Lua, Os Enamorados e A Roda da Fortuna, nessa ordem.

Antes de fazer a interpretação e dar sua resposta, some os valores numerados nas três cartas.

A Lua – 18
Os Enamorados – 6
A Roda da Fortuna – 10
18 + 6 + 10 = 34

Como os arcanos maiores vão apenas até 22, será necessário fazer outro desdobramento:

34 = 3 + 4 = 7

Desse modo, você deverá considerar, em primeiro lugar, a carta de número 7, ou seja, O Carro. Assim, a interpretação pode ser feita da seguinte maneira:

A soma, resultante em 7 (O Carro), indica que o consulente se casará no futuro, mas ainda terá adversidades a serem enfrentadas pelo caminho. Com base nesse resultado, o tarólogo enriquece sua consulta e sua interpretação em relação às três cartas retiradas pelo consulente.

Assim, cada carta poderá mostrar o seguinte significado:

A Lua indica que o consulente deve fazer uma busca pelo equilíbrio na vida afetiva e se desprender um pouco das fantasias que ele mesmo possa ter criado.

Os Enamorados indicam as escolhas a serem feitas para que haja plenitude e felicidade.

A Roda da Fortuna indica mudanças que estão por vir, situações novas e renovadoras que colaborarão para a realização de sonhos e desejos.

Importante:
- Esse método permite todo tipo de pergunta e abre uma

oportunidade para que muitas das dúvidas existentes possam ser mais detalhadas.
- Em qualquer soma, o arcano O Louco deve ser considerado número 0.

O TEMPO DAS PREVISÕES DOS ACONTECIMENTOS

Quando realizamos uma consulta ao tarô, é comum sermos questionados sobre o tempo.

Não existe uma forma única de interpretação. Muitos estudiosos do tarô conseguiram encontrar métodos e fórmulas para elucidar as previsões e saber quando elas ocorreriam.

Alguns tarólogos fazem uso de técnicas de astrologia; outros, da própria intuição.

Para facilitar a compreensão dessas datas, podemos utilizar a própria numerologia e o desdobramento das cartas. Da mesma forma como o tarô é interpretado neste livro, você poderá realizar a somatória das cartas e obter resultado entre 1 e 22.

Por exemplo, o consulente pergunta: **Vou conseguir comprar minha casa? Em quanto tempo isso vai acontecer?**

As cartas retiradas foram: A Imperatriz, O Eremita e a Lua, nessa ordem.

A Imperatriz – 3
O Eremita – 9
A Lua – 18
3 + 9 + 18 = 30

Como sabemos, o número 30 não representa nenhum mês, pois eles vão de 1 (janeiro) a 12 (dezembro).

Da mesma maneira, os arcanos maiores vão apenas até o número 22.

Por isso, o tarólogo deve realizar o desdobramento, somando os números para obter um resultado compreendido entre 1 e 22.

30 = 3 + 0 = 3

Portanto, a resposta é afirmativa; o consulente conseguirá comprar a casa. O prazo será de três meses, ou o número 3 poderá representar o mês de março. Se em um período de três meses a casa não for comprada, o consulente deverá esperar até o próximo mês de março.

Você poderá empregar esse método para interpretar as questões temporais. Com a prática, ele se tornará bem mais simples e natural.

ENCERRANDO A CONSULTA

Sempre que você finalizar uma consulta, faça um agradecimento por pensamento ou invocação, pois a leitura do Tarô dos Anjos é um ritual sagrado tanto para o tarólogo quanto para o consulente. Ao realizarmos a interpretação das cartas, participamos do destino e da energia de outra pessoa. Além disso, trazemos para o plano real as energias mais sutis que flutuam no universo.

Se você quiser, ao finalizar a consulta, sem que o consulente perceba, retire mais uma carta do baralho para saber o que ele está sentindo no momento e que tipo de energia emitirá quando sair do local. Essa também será uma maneira de identificar os resultados dos conselhos dados ao longo da consulta realizada.

Feche o baralho e embaralhe-o aleatoriamente antes de guardá-lo.

CAPÍTULO 5

ANGEOLOGIA

Não é fácil declarar com precisão a época em que os homens começaram a falar e acreditar na força dos anjos.

Considerados mensageiros entre o plano etérico e os homens, os anjos são encontrados com outros nomes em diversas religiões. No cristianismo, são conhecidos como anjos; no islamismo, como djins; e no hinduísmo, como devas.

O Antigo Testamento descreve os anjos como seres humanos que se vestiam com peles de cabra e simbolizavam um espírito puro, o sacrossanto e a luz.

Em escavações arqueológicas feitas na antiga cidade de Ur (atual Golfo Pérsico), foi encontrada uma pedra com a figura de um ser alado, descendo do céu para despejar a água da vida na taça de um rei. Os pesquisadores relatam que essa é a representação de anjo mais antiga descoberta até hoje.

As pessoas dessa região acreditavam na existência de um ser que agia como intermediário entre a Terra e o plano celestial.

Na mitologia grega, encontramos o deus Hermes, com asas nos sapatos e no chapéu. Ele era encarregado de trazer e levar as mensagens dos deuses aos homens.

O povo do Antigo Egito acreditava que a deusa Ísis tinha asas, nas quais repousariam seus adeptos quando dormiam.

O zoroastrismo sustentava que os anjos eram extensões e projeções de Deus e foram criados para ajudar a humanidade.

Segundo a cabala hebraica, a chave para entrar nos segredos e mistérios da criação é a interpretação numerológica das 22 letras que compõem o alfabeto hebraico, pois ele representa as várias energias que alimentam e comandam o cosmo. Essas 22 letras estão presentes nos arcanos maiores do tarô e se manifestam por meio de 72 anjos, também chamados de "gênios cabalísticos".

Segundo a crença cabalística, a partir do momento em que nascemos, todos temos um anjo da guarda que nos protege até morrermos. Cada gênio exerce um tipo de influência diferente sobre as pessoas e se revezam, cada um governando durante cinco dias do ano. A cada gênio cabem 20 minutos diários, e todos nós temos um anjo positivo, que nos ajuda e nos protege por toda a vida, e um anjo mau, conhecido como "gênio contrário", que fará de tudo para atrapalhar nossa evolução e nosso bem-estar na Terra.

Os 72 nomes dos anjos são formados a partir do nome sagrado de Deus em hebraico (*Ieve*), inscrito em um triângulo sagrado, chamado de *tetragramaton*. A letra I vale 10 e corresponde à letra hebraica *yod*, que representa o espaço, o tempo e os ciclos. A letra E corresponde às duas letras *he* e vale 5. Representa a atividade e a passividade, bem como as naturezas do homem perante o universo. A letra V vale 6 e representa o espírito que emana de todas as coisas.

A soma do *tetragramaton* é 72:

I	=	10
I E: 10 + 5	=	15
I E V: 10 + 5 + 6	=	21
I E V E: 10 + 5 + 6 + 5	=	26

Para chegarem ao nome dos 72 anjos, os cabalistas tomaram como ponto de partida os versículos 19, 20 e 21 do capítulo 14 do Êxodo, considerados sagrados por terem 72 letras cada um. Colocaram os versículos lado a lado e ligaram as primeiras letras da esquerda dos versículos 19 e 21 à primeira letra da direita do versículo 20. Acrescentaram a essas letras a terminação *iah* ou *el* para atribuir-lhes essência divina. Em seguida, passaram para a segunda letra, e assim sucessivamente, até chegarem a 72. Dessa forma, conheceram os 72 nomes dos gênios.

Mesmo com tantas definições, podemos assegurar que os anjos são seres de luz que enviam informações e pensamentos de amor aos humanos. Esses seres têm todas as características da luz, como brilho e velocidade, e podem acabar com as trevas e o sofrimento.

Em uma versão mais ocultista, a organização cósmica é operada por demônios sob a direção dos anjos. O homem está posicionado entre as milícias angélicas e as milícias negativas. Portanto, cada ser humano tem junto à alma um demônio malevolente e um anjo da guarda sagrado. O objetivo do conhecimento mágico é conquistar a sabedoria e desenvolver o contato com o anjo da guarda. Uma vez conseguido isso, passa-se a controlar os demônios que trabalham na organização do universo e impedem o progresso humano.

Segundo Abramélin, o anjo da guarda não deve ser considerado uma entidade própria, mas mais profundo sinal do inconsciente, o último ego, o mais verdadeiro dos eus, o eu paradoxalmente feito à semelhança divina.

No livro religioso *Zohar*, publicado por Moisés de Leão no século XIII, 72 anjos se intercalam para governar os dias do ano.

Os anjos vivem no plano etérico, também conhecido como plano astral, que, em linguagem mais simples, chamaríamos de céu.

Nas lendas judaicas, os céus geralmente são sete, incluindo um plano bem-aventurado, no qual os anjos fornecem um alimento chamado maná. Outros tratados afirmam a existência de 390 céus. A ideia de vários céus é relatada por muitos místicos e ocultistas, segundo os quais existem diferentes mundos e dimensões superiores e inferiores que a pessoa percorre após desencarnar. Nessas dimensões, os anjos ensinam os espíritos comuns.

A palavra "anjo" vem do radical grego *ággelos*, que significa "mensageiro". Vemos corruptelas desse radical em várias partes do mundo. Na Índia, onde o sânscrito é uma das línguas mais faladas, além de ser uma das mais antigas do mundo, os anjos são chamados de *anguiras* (espíritos divinos). Na Pérsia, são conhecidos como *angaros*. No Antigo Testamento, a palavra "anjo" tem seu correspondente no hebraico *malakh* (mensageiro).

Os judeus da Idade Média acreditavam que um anjo era liberado a cada palavra proferida por Deus. Segundo seus cálculos, existiriam 301.655.722 anjos da guarda. Eles mudaram as palavras em números. De acordo com outra teoria, o fato de muitas pessoas acreditarem em anjos faz com que eles acabem se criando fora da energia de Deus. Essa energia os mantém vivos, pois temos o poder de criar anjos, deuses e demônios por meio de nossa força mental.

Em 745 d. C., a Igreja Católica proibiu a idolatria aos anjos da guarda. Decretou que somente Miguel, Gabriel e Rafael poderiam ser invocados para ajudar as pessoas, alegando que os outros anjos eram falsos e indignos de reverência. Na realidade, nessa época o catolicismo estava perdendo fiéis, e a crença nos anjos da guarda sofreu uma explosão e virou moda. As pessoas se deram o direito de criar milhares de anjos; transformaram deuses estrangeiros em anjos; acrescentaram ao nome de todas as coisas o sufixo -el ou -irion, a fim de atribuir-lhes um espírito divino e angélico; misturaram letras hebraicas de modo desordenado, para produzir nomes divinos etc.

A única forma que a Igreja encontrou para readquirir a confiança dos fiéis, que a essa altura já se tinham desgarrado, foi proibir o culto aos sagrados anjos da guarda.

Um dos maiores estudiosos de anjos de que se tem conhecimento foi Tomás de Aquino. Ele dizia que os anjos são espíritos puros, sem matéria nem massa, que não ocupam lugar no espaço.

Na Bíblia, os anjos e suas atuações são mencionados aproximadamente 300 vezes, sendo 15 delas somente por Jesus.

Quando os anjos aparecem aos seres humanos, geralmente são vistos em roupas brancas e envolvidos em uma luz diferente das que conhecemos. Essas luzes são tão fortes que tudo o que está à sua volta ganha uma luminosidade extraordinária, e os espaços aonde ela não chega ficam na penumbra.

O padre Jean Lamy (1853-1931) costumava conversar com anjos e assim os descreveu: "Quando você vê um bando de 50, fica espantado.

Eles aparecem vestidos com folhas de ouro, movendo-se constantemente, como muitos sóis".

O General William Booth, fundador do Exército da Salvação, relata ter visto anjos disfarçados em um arco-íris de luz, que cintilava e brilhava intensamente.

No livro *Auxiliares Invisíveis*, C. W. Leadbeater descreve como foram encontrados os dois filhos de um fazendeiro inglês, que se haviam perdido nas florestas de Burnham Beeches. Depois de várias buscas sem sucesso, as pessoas que os procuravam se reuniram na fazenda. Após debaterem as melhores estratégias para voltarem às buscas, avistaram as crianças repentinamente em uma esfera de luz que se movia sobre as árvores.

Quando os adultos se aproximaram da esfera, ela desapareceu. Ao perguntarem às crianças o que havia ocorrido, elas disseram que perambulavam pela floresta quando encontraram uma moça de túnica branca e com uma lamparina na mão dizendo que as levaria para casa.

Os estudiosos dividem os anjos em nove falanges ou grupos, desde os *serafins* (os mais próximos de Deus) até os *anjos* (os mais próximos dos homens), como veremos mais adiante.

Dionísio, o Aeropagita, antigo escritor ateniense, dividiu os anjos em nove hierarquias e examinou os nomes dos coros de anjos existentes na Bíblia. Com base em alguns estudos, chegou à conclusão de que os anjos da guarda podiam ser divididos em nove grupos diferentes.

No Novo Testamento, fala-se de uma língua para os anjos e de outra para os homens. Ao longo dos séculos, passou-se a acreditar que os anjos falavam o hebraico, pois essa era a língua utilizada por Deus no momento da criação do mundo.

Tomás de Aquino afirma que a verdadeira língua dos anjos é a iluminação, o que, para nós, equivaleria à telepatia.

Os anjos se movimentam como a nossa imaginação. Podem caminhar para o presente, o passado ou o futuro em um piscar de olhos e estão onde possam usar sua força e seu poder.

Tomás de Aquino também acreditava que cada anjo é diferente do outro. Para John Adams, "a natureza, que estabeleceu uma cadeia de seres [...] descendo desde os anjos até os animais microscópicos, ordenou que nenhum objeto seja perfeitamente semelhante ao outro e que nenhuma criatura seja perfeitamente igual à outra".

Geralmente, os anjos são representados como jovens andróginos, uma vez que o espírito não tem sexo por ser energia pura. Os serafins são representados com turíbulos e pedras brilhantes nas mãos, em sinal de adoração e oração. Já os querubins aparecem como bebês gordinhos que tocam longas trombetas, representando a voz de Deus. Os tronos com harpas, violinos e outros instrumentos musicais seriam o louvor de Deus por meio da música. As dominações aparecem, em geral, com um diadema simbolizando a autoridade régia. As potências surgem perto de nuvens, representando o plano celestial. As virtudes costumam ser apresentadas com um cajado de peregrino, simbolizando prontidão. Na maioria das vezes, os principados aparecem ao lado de pilares, que representam a firmeza dos líderes em seus domínios. Os arcanjos são mostrados com escudos e espadas empunhadas, simbolizando a luta e o poder sobre todas as coisas, e os anjos aparecem com auréolas e os braços abertos, representando luz divina e proteção.

Os anjos têm dificuldade de permanecer na Terra por muito tempo. O que permite sua permanência aqui são a energia e a luz de nossa aura, que, para eles, é tão vital quanto o oxigênio para nós. Quando estamos tristes e passando por problemas, nossa aura se enfraquece, e o anjo não consegue atuar. Assim, o gênio contrário ganha força, deixando-nos antipáticos e em dificuldades.

Ao nascer, a criança escolhe o anjo protetor que vai acompanhá-la pelo resto da vida. Quando existe a possibilidade de um espírito encarnar, a primeira providência a ser tomada é a consulta aos espíritos encarnados dos futuros pais da criança. Essa consulta é feita durante o sono, e, se houver concordância, os poderosos príncipes superiores/arcanjos começam a plasmar o espírito. Durante a gestação, é o anjo da mãe do bebê que protege a criança. Quando a criança respira pela primeira vez após nascer, o anjo escolhido por ela passa a protegê-la.

Até os 8 anos, o anjo da guarda protege e auxilia a criança por 24 horas no que for preciso. Nessa fase, ela e sua casa ficam invulneráveis à influência do gênio contrário. Nesse período, a marcante presença do anjo da criança tem a força de deixar o gênio contrário sem poder.

Após os 8 anos, o anjo da guarda pessoal se afasta progressivamente, deixando que o anjo que exerce influência sobre o nome da criança comece a protegê-la. Ela começa, então, a adquirir personalidade definida e a criar o livre-arbítrio. O anjo pessoal volta à Terra nos 20 minutos que lhe são consagrados para dar instruções ao anjo do nome, como veremos mais adiante.

Os anjos são envoltos em um campo energético que os ilumina, principalmente no local que parece ser sua cabeça. Essa é a razão pela qual muitos deles são representados com auréola. O fator mais importante de ligação com o anjo é a inteligência. Deus é inteligência pura.

Por isso, quando você pensa e estuda, está com Deus. O brilho dos anjos é mais intenso no ponto que parece ser sua cabeça, porque nela estão guardados todos os conhecimentos. A cabeça é o computador humano; portanto, é o lugar onde estão concentradas todas as energias de ligação dos homens com os anjos da guarda.

Mesmo acreditando na força e no poder dos anjos, surge-nos sempre uma dúvida: por que eles não podem ser vistos pela maioria das pessoas?

Uma boa resposta está no livro *Você Tem Um Anjo da Guarda*, de John Ronner. Segundo o autor, "os olhos físicos não foram feitos para ver o mundo espiritual, assim como nossos ouvidos não foram destinados a ouvir um apito de cães de alta frequência [...] Uma outra razão para a habitual invisibilidade dos anjos é que, se uma pessoa não espera ver algo, geralmente não verá, seja um querubim, seja a falência de uma empresa fracassada".

A afirmação do escritor é a mais completa que já encontrei em diversos livros, revistas especializadas e entrevistas em rádio e televisão. Além disso, como já dito, os anjos permanecem na Terra por causa da energia de nossa aura. Na maioria das vezes, nosso campo áurico é fraco pelo fato de não nos preocuparmos em reenergizá-lo. Em nosso cotidiano, os compromissos profissionais e pessoais e a correria nos impedem de fazer uma energização com cristais, cromoterapia, acupuntura etc. Com o passar do tempo, nossa aura diminui, fazendo com que o anjo sinta dificuldade em se ancorar. Materializar-se, então, é quase impossível para ele.

Para ocorrer a materialização do anjo, nossa aura precisa entrar em sintonia com o cosmo e as forças astrais e estar expandida no mínimo 10 e no máximo 15 metros, ou seja, mostrar-se no auge de seu pleno poder. Atualmente, quase de forma geral, as auras apresentam expansão que varia de 3 a 4 metros. Se já é trabalhoso chegar aos 3 metros, imaginem alcançar 10 ou 15!

Quando os homens voltarem a ter consciência de que a energia espiritual realmente existe e derem mais atenção a esse lado, talvez os anjos reapareçam com mais frequência. Enquanto isso, com muita dificuldade, eles vão se ancorando na Terra e atendem como podem aos pedidos dos seres humanos. Temos, então, de nos contentar em apenas sentir seu enorme poder de maneira sutil.

Para as pessoas, os anjos são seres com asas, luzes e auréolas. Essa concepção não é de todo incorreta, pois eles podem aparecer de diversas formas, dependendo da imaginação de cada um. Mas, na realidade, são energias divinas, capazes de mudar o futuro de toda a humanidade.

SEU ANJO DA GUARDA

Como já dito, descobriu-se por meio da numerologia cabalística que a potência numerológica do nome de Deus (*Ieve*) é 72 e que 72 são os anjos que cercam seu trono.

Um antigo ocultista, o Senhor de d'Odoucet, afirma no livro *A Ciência dos Signos*: "A revolução dos gênios sobre os anos, os meses, as semanas, os dias e as horas se faz de 72 em 72 desde a Criação".

Partindo desse princípio, o grandioso mago Thierry Lenain organizou a tabela que indica o anjo protetor de cada pessoa.

Lenain foi o precursor do tema "anjos" no início do século XIX. Em 1823, escreveu *A Ciência Cabalística*, obra totalmente dedicada ao estudo dos anjos cabalísticos. Todos os esotéricos e ocultistas modernos a usam como base em seus estudos sobre anjos, salmos e talismãs.

Segundo Lenain, cada anjo exerce domínio sobre determinado dia do ano, e os 72 anjos se intercalam durante as 24 horas do dia, governando 20 minutos diários cada um.

Pelos cálculos de Lenain, o primeiro gênio exerce domínio sobre o dia 20 de março (início do ano astrológico) e sobre os primeiros 20 minutos do mesmo dia; o segundo exerce domínio sobre o dia 21 de março e influencia os 20 minutos seguintes desse dia (de 0h 20 min a 0h 40 min), e assim sucessivamente.

Na Idade Média, as pessoas acreditavam que, ao descobrir o nome do anjo da guarda, poderiam manipulá-lo como um servo. A partir de então, surgiram vários tratados que ensinavam como invocá-los e controlá-los.

A crença cabalística crê que cada letra é uma potência real. Seu agrupamento produz centros ativos e espirituais de força, que começam a agir quando são ativados pela vontade do homem.

De acordo com a cabala hebraica, é possível descobrir o nome do próprio anjo da guarda pela data de nascimento.

Exemplo: suponhamos que você tenha nascido no dia 28 de abril. Procure na tabela a inscrição 28/04 e verá que seu protetor é o anjo de número 40 e se chama Ieiazel. No Capítulo 7, "A Liturgia dos Anjos", você verá o salmo, o horário, o planeta e outros atributos conferidos ao seu anjo.

Caso tenha nascido nos dias 19/03, 31/05, 12/08, 24/10 ou 05/01, você pertence à categoria de anjos chamados "Os gênios da humanidade", cujos atributos se encontram na seção "Os Gênios da Humanidade", do Capítulo 5.

TABELA DOS ANJOS DO NASCIMENTO

Descubra na tabela a seguir qual é o seu anjo da guarda, de acordo com o dia do seu nascimento.

NOME DO ANJO	DATAS
1 - VEHUIAH	20/03 - 01/06 - 13/08 - 25/10 - 06/01
2 - JELIEL	21/03 - 02/06 - 14/08 - 26/10 - 07/01
3 - SITAEL	22/03 - 03/06 - 15/08 - 27/10 - 08/01
4 - ELEMIAH	23/03 - 04/06 - 16/08 - 28/10 - 09/01
5 - MAHASIAH	24/03 - 05/06 - 17/08 - 29/10 - 10/01
6 - LELAHEL	25/03 - 06/06 - 18/08 - 30/10 - 11/01
7 - ACHAIAH	26/03 - 07/06 - 19/08 - 31/10 - 12/01
8 - CAHETHEL	27/03 - 08/06 - 20/08 - 01/11 - 13/01
9 - HAZIEL	28/03 - 09/06 - 21/08 - 02/11 - 14/01
10 - ALADIAH	29/03 - 10/06 - 22/08 - 03/11 - 15/01
11 - LAOVIAH	30/03 - 11/06 - 23/08 - 04/11 - 16/01
12 - HAHAHIAH	31/03 - 12/06 - 23/08 - 05/11 - 17/01
13 - YEZALEL	01/04 - 13/06 - 24/08 - 06/11 - 18/01
14 - MEBAHEL	02/04 - 14/06 - 25/08 - 07/11 - 19/01
15 - HARIEL	03/04 - 15/06 - 26/08 - 08/11 - 20/01
16 - HEKAMIAH	04/04 - 16/06 - 27/08 - 09/11 - 21/01
17 - LAOVIAH	05/04 - 17/06 - 28/08 - 10/11 - 22/01
18 - CALIEL	06/04 - 18/06 - 29/08 - 11/11 - 23/01
19 - LEUVIAH	07/04 - 19/06 - 30/08 - 12/11 - 24/01
20 - PAHALIAH	08/04 - 20/06 - 01/09 - 13/11 - 25/01
21 - NELCHAEL	09/04 - 21/06 - 02/09 - 14/11 - 26/01

NOME DO ANJO	DATAS
22 - IEIAIEL	10/04 - 22/06 - 03/09 - 15/11 - 27/01
23 - MELAHEL	11/04 - 23/06 - 04/09 - 16/11 - 28/01
24 - HAHEUIAH	12/04 - 24/06 - 05/09 - 17/11 - 29/01
25 - NITH-HAIAH	13/04 - 25/06 - 06/09 - 18/11 - 30/01
26 - HAAIAH	14/04 - 26/06 - 07/09 - 19/11 - 31/01
27 - IERATHEL	15/04 - 27/06 - 08/09 - 20/11 - 01/02
28 - SEREIAH	16/04 - 28/06 - 09/09 - 21/11 - 02/02
29 - REYEL	17/04 - 29/06 - 10/09 - 22/11 - 03/02
30 - OMAEL	18/04 - 30/06 - 11/09 - 23/11 - 04/02
31 - LECABEL	19/04 - 01/07 - 12/09 - 24/11 - 05/02
32 - VASAHIAH	20/04 - 02/07 - 13/09 - 25/11 - 06/02
33 - IEHUIAH	21/04 - 03/07 - 14/09 - 26/11 - 07/02
34 - LEHAHIAH	22/04 - 04/07 - 15/09 - 27/11 - 08/02
35 - CHAVAKIAH	23/04 - 05/07 - 16/09 - 28/11 - 09/02
36 - MENADEL	24/04 - 06/07 - 17/09 - 29/11 - 10/02
37 - ANIEL	25/04 - 07/07 - 18/09 - 30/11 - 11/02
38 - HAAMIAH	26/04 - 08/07 - 19/09 - 01/12 - 12/02
39 - REHAEL	27/04 - 09/07 - 20/09 - 02/12 - 13/02
40 - IEIAZEL	28/04 - 10/07 - 21/09 - 03/12 - 14/02
41 - HAHAHEL	29/04 - 11/07 - 22/09 - 04/12 - 15/02
42 - MIKAEL	30/04 - 12/07 - 23/09 - 05/12 - 16/02
43 - VEULIAH	01/05 - 13/07 - 24/09 - 06/12 - 17/02
44 - IELAHIAH	02/05 - 14/07 - 25/09 - 07/12 - 18/02
45 - SEALIAH	03/05 - 15/07 - 26/09 - 08/12 - 19/02
46 - ARIEL	04/05 - 16/07 - 27/09 - 09/12 - 20/02
47 - ASALIAH	05/05 - 17/07 - 28/09 - 10/12 - 21/02

NOME DO ANJO	DATAS
48 - MIHAEL	06/05 - 18/07 - 29/09 - 11/12 - 22/02
49 - VEHUEL	07/05 - 19/07 - 30/09 - 12/12 - 23/02
50 - DANIEL	08/05 - 20/07 - 01/10 - 13/12 - 24/02
51 - HAHASIAH	09/05 - 21/07 - 02/10 - 14/12 - 25/02
52 - IMAMIAH	10/05 - 22/07 - 03/10 - 15/12 - 26/02
53 - NANAEL	11/05 - 23/07 - 04/10 - 16/12 - 27/02
54 - NITHAEL	12/05 - 24/07 - 05/10 - 17/12 - 28/02
55 - MEBAHIAH	13/05 - 25/07 - 06/10 - 18/12 - 01/03
56 - POIEL	14/05 - 26/07 - 07/10 - 19/12 - 02/03
57 - NEMAMIAH	15/05 - 27/07 - 08/10 - 20/12 - 03/03
58 - IEIALEL	16/05 - 28/07 - 09/10 - 21/12 - 04/03
59 - HARAHEL	17/05 - 29/07 - 10/10 - 22/12 - 05/03
60 - MITZRAEL	18/05 - 30/07 - 11/10 - 23/12 - 06/03
61 - UMABEL	19/05 - 31/07 - 12/10 - 24/12 - 07/03
62 - IAHHEL	20/05 - 01/08 - 13/10 - 25/12 - 08/03
63 - ANAUEL	21/05 - 02/08 - 14/10 - 26/12 - 09/03
64 - MEHIEL	22/05 - 03/08 - 15/10 - 27/12 - 10/03
65 - DAMABIAH	23/05 - 04/08 - 16/10 - 28/12 - 11/03
66 - MANAKEL	24/05 - 05/08 - 17/10 - 29/12 - 12/03
67 - AYEL	25/05 - 06/08 - 18/10 - 30/12 - 13/03
68 - HABUHIAH	26/05 - 07/08 - 19/10 - 31/12 - 14/03
69 - ROCHEL	27/05 - 08/08 - 20/10 - 01/01 - 15/03
70 - YAMABIAH	28/05 - 09/08 - 21/10 - 02/01 - 16/03
71 - HAIAIEL	29/05 - 10/08 - 22/10 - 03/01 - 17/03
72 - MUMIAH	30/05 - 11/08 - 23/10 - 04/01 - 18/03
GÊNIOS DA HUMANIDADE	31/05 - 12/08 - 24/10 - 05/01 - 19/03

A HIERARQUIA CELESTE

A ideia de que os anjos se dividiam em hierarquia partiu de uma passagem da Bíblia, no capítulo 28 do Gênesis, versículo 12, na qual Jacó relata seu sonho: "E teve um sonho: viu uma escada que, apoiando-se na Terra, tocava com o cimo o Céu; os anjos do Senhor subiam e desciam pela escada. No alto estava o Senhor".

Como vimos, por meio de vários estudos e pesquisas, Dionísio, o Aeropagita, tirou dos versos da Bíblia os nomes dos coros de anjos e os dividiu em nove hierarquias celestes, que vão dos serafins, a classe mais elevada, aos anjos, a classe mais próxima dos homens.

Dionísio influenciou toda a Idade Média. Dante Alighieri e Tomás de Aquino usaram como base suas afirmações e suas classificações hierárquicas em seus estudos sobre os anjos.

A hierarquia dos anjos é formada por nove qualidades ou falanges, e cada uma delas é liderada por um príncipe, também chamado de arcanjo, como veremos a seguir. Cada qualidade tem um grupo de oito anjos, governados pelo arcanjo da falange, e está ligada a uma letra hebraica e a um planeta, que governa e do qual recebe influências.

Essas qualidades estão divididas em três grupos.

1. As três classes mais elevadas são os *serafins*, os *querubins* e os *tronos*. Estão sempre na corte interna de Deus, refletindo sobre Ele, que é o propósito de toda Criação.
2. As três classes intermediárias são as *dominações*, as *potências* e as *virtudes*, que mantêm o universo funcionando mecanicamente.
3. As três classes inferiores são os *principados*, os *arcanjos* e os *anjos*, que realizam tarefas particulares.

Cada qualidade rege determinado assunto.

SERAFINS: inspiram amor divino aos seres humanos.
QUERUBINS: iluminam os homens que buscam o conhecimento.
TRONOS: ensinam o equilíbrio e a justiça aos homens.
DOMINAÇÕES: passam informações das hierarquias superiores às classes inferiores.
POTÊNCIAS: eliminam os espíritos malignos.
VIRTUDES: operam os milagres.
PRINCIPADOS: inspiram os grandes líderes.
ARCANJOS: enviam mensagens e protegem os homens.
ANJOS: estão diretamente ligados aos homens.

Nas próximas páginas, abordaremos a hierarquia celeste com o nome de seus arcanjos, anjos e métodos de ancoragem, entre outros atributos.

OS SERAFINS

Os serafins personificam a caridade divina e a inteligência. São eles que nos conduzem ao amor divino e nos ensinam a amar o próximo e a ouvir os conselhos das pessoas mais experientes. São a classe mais elevada, os mais próximos de Deus. O dominicano Pie Régamey os compara a "mariposas" batendo loucamente as asas contra uma lâmpada. Em Isaías, capítulo 6, versículos 1 a 3, encontramos a seguinte declaração: "No ano da morte do rei Ozias, eu vi o Senhor sentado em um trono muito elevado; as franjas de seu manto enchiam o templo. Os serafins se mantinham junto Dele. Cada um deles mantinha seis asas; com um par de asas velavam a face, com outro cobriam os pés; e com o terceiro voavam. Suas vozes se revezavam e diziam: 'Santo, santo, santo é o Senhor Deus do universo! A Terra inteira proclama Sua glória!'".

O arcanjo dos serafins é Metatron, que em hebraico significa "rei dos anjos". De acordo com os estudiosos, Metatron está ao lado de Deus e tem 72 nomes. Na realidade, ele é todos os anjos. Dizem que eleva as orações dos judeus pelos 900 céus. Segundo as lendas, Metatron se une a Achtariel e Sandalphon quando as orações são rezadas em hebraico, para que juntos possam elevar os pedidos das pessoas aos céus. Metatron governa todas as forças da Criação.

Arcanjo: Metatron
Planeta: Netuno
Ancoragem: por meio de livros/limpeza
Letra hebraica: aleph א

Os anjos pertencentes à qualidade dos serafins são:
1 - VEHUIAH
2 - JELIEL
3 - SITAEL
4 - ELEMIAH
5 - MAHASIAH
6 - LELAHEL
7 - ACHAIAH
8 - CAHETHEL

Invocação ao arcanjo Metatron:

Arcanjo Metatron, arcanjo das faces,
Eu o invoco!
Seja benéfico ao meu ritual.
Portador da aura resplandecente,
Dê-nos forças para prosseguirmos em nossa caminhada.
Presenteie-nos com saúde, paz e prosperidade.

Ó, amado dos anjos!
Eu o invoco para que tenhamos vida.
E que essa vida seja de bons presságios.
Que seus poderes ocultos da iluminação
Se espalhem pelo mundo.

El Shaddai divino!
Que sua bondade seja distribuída por toda a humanidade
Para os que necessitam do seu auxílio.

Anjo da presença!
Arcanjo dos serafins!
Livre-nos de todas as influências negativas
Para que possamos prosperar.
Amém.

OS QUERUBINS

Os querubins personificam a sabedoria de Deus. Devem invocá-los quando a fé corre perigo de ser abalada ou de se tornar impura. Muitas vezes, são representados com vários olhos, que simbolizam seu grande intelecto. Tradicionalmente, são considerados guardiões dos registros de Deus. Há três mil anos, eram vistos como leões alados e monstruosos, com cabeça humana, que guardavam edifícios antigos. Hoje, são representados como crianças gordinhas. Na Bíblia, aparecem como guardiões do Jardim do Éden. É o que podemos ver no capítulo 3, versículos 23 e 24, do Gênesis: "O Senhor Deus expulsou-o do Jardim do Éden, para que ele cultivasse a terra de onde havia tirado. E expulsou-o; e colocou ao oriente do Jardim do Éden querubins armados de uma espada flamejante, para guardar o caminho da árvore da vida".

O arcanjo dos querubins é Raziel, que em hebraico significa "segredo de Deus". Raziel é o anjo dos mistérios, do conhecimento e da originalidade.

Arcanjo: Raziel
Planeta: Urano
Ancoragem: por meio de doces/crianças
Letra hebraica: beth ב

Os anjos pertencentes à qualidade dos querubins são:
9 - HAZIEL
10 - ALADIAH
11 - LAOVIAH

12 - HAHAHIAH
13 - YEZALEL
14 - MEBAHEL
15 - HARIEL
16 - HEKAMIAH

Invocação ao arcanjo Raziel:

Arcanjo Raziel, arauto dos anjos,
Eu o invoco!
Seja benéfico ao meu ritual.
Ajude-nos a encontrar o caminho verdadeiro.

Faça com que nossas ideias sejam puras e cristalinas,
Avançadas e puras como as das crianças.
Canalize-as para o bem.
Ajude-nos em todos os momentos de nossa vida.
Inspire-nos com amor e sentimentos nobres.
Faça-nos instrumento de sua luz.

Ó, arcanjo dos querubins!
Que nossa palavra tenha poder
Para transmutar todos os males que nos permeiam
E que nossa vida sempre seja correta.
Ilumine nossos caminhos.
Amém.

OS TRONOS

Os tronos proclamam a grandeza divina por meio da música. Devem ser invocados com muita responsabilidade para pedir proteção às pessoas. Estão sempre na corte interna de Deus e são chamados de "transportadores de Deus". Os tronos inspiram os homens pela arte e pela beleza. O contato com eles é mais fácil onde existir mar, lagos, montanhas e muita claridade. São quase sempre representados como moços segurando um tipo de instrumento musical.

O arcanjo da falange tronos é Tsaphkiel, que em hebraico significa "anjo da noite". Ele simboliza as forças criadoras em ação e nos inspira compreensão e confiança.

Tsaphkiel nos ensina a caridade para conseguirmos a plena felicidade.

De acordo com alguns relatos de estudiosos, os tronos têm esse nome porque estão sempre próximos a Deus e são quase como um trono no qual o ser divino descansa. Têm essência muito pura e recebem de Deus as ordens para comunicá-las aos outros anjos.

Arcanjo: Tsaphkiel (Auriel)
Planeta: Saturno
Ancoragem: por meio da música/tranquilidade
Letra hebraica: ghimel ג

Os anjos pertencentes à qualidade dos tronos são:
17 - LAOVIAH
18 - CALIEL
19 - LEUVIAH
20 - PAHALIAH

21 - NELCHAEL
22 - IEIAIEL
23 - MELAHEL
24 - HAHEUIAH

Invocação ao arcanjo Tsaphkiel:

Arcanjo Tsaphkiel, contemplação divina,
Eu o invoco!
Seja benéfico ao meu ritual.
Dê-nos paz de espírito.
Presenteie-nos com tranquilidade.

Ó, conselheiro dos anjos,
Pai do karma!
Ilumine nossos caminhos na Terra,
Pois não queremos violar suas leis.
Transmute o karma de toda a humanidade
Para assim vivermos felizes.
Proporcione calma e tolerância
Para atravessarmos os desafios.

Arcanjo dos tronos,
Que proclamam a grandeza de Deus
Por meio da música,
Inspire-nos compreensão e confiança.
Eu o saúdo de todo o meu coração.
Amém!

AS DOMINAÇÕES

As dominações governam todo o universo. Têm o poder de levar o reino de Deus às pessoas. São consideradas anjos que administram o mundo de Deus, fazendo as leis do universo operarem. Auxiliam nas emergências ou nos conflitos que necessitam de urgência para serem resolvidos. O contato com as dominações é mais fácil em espaços abertos como campos, planícies e florestas.

    O arcanjo da falange dominações é Tsadkiel, também conhecido como Uriel, que em hebraico significa "fogo de Deus". É associado pelas lendas a terremotos, tempestades, vulcões e erupções. Esse arcanjo presta auxílio em casos de emergências e em processos jurídicos. Inspira a profecia, os ensinamentos e as artes de modo geral. Aparece em quadros e pinturas como o anjo que carrega um pergaminho ou um livro, simbolizando a sabedoria.

    Devemos invocar as dominações para que intercedam junto aos ateus e hereges. Elas nos ensinam a seguir nossa vida com as próprias pernas.

Arcanjo: Tsadkiel (Uriel)
Planeta: Júpiter
Ancoragem: por meio de oráculos/incensos
Letra hebraica: daleth ד

Os anjos pertencentes à qualidade das dominações são:
25 – NITH-HAIAH
26 – HAAIAH
27 – IERATHEL

28 – SEREIAH
29 – REYEL
30 – OMAEL
31 – LECABEL
32 – VASAHIAH

Invocação ao arcanjo Tsadkiel:

Arcanjo Tsadkiel, justiça de Deus,
Eu o invoco!
Seja benéfico ao meu ritual.
Você, que domina a abundância em todos os sentidos,
Presenteie-nos com fartura e prosperidade.

Derrame sobre nós o fluido energético
Da sagrada cornucópia.
Traga-nos amor, fé, luz e união.
Que a felicidade seja uma constante em nossa vida.

Eu o invoco para que tenhamos saúde, paz,
Alegria e positivismo.
Que sua aura de amor resplandecente
Possa atingir todos que tenham o coração
Puro e livre de ressentimentos.

Guie-nos por intermédio de sua luz.
Ó, justiça de Deus!

Ó, fogo de Deus!
Cubra-nos com seu manto sagrado.
Eu o saúdo, agora e sempre.
Amém!

AS POTÊNCIAS

As potências governam o mundo físico e moral. São elas que regem a procriação dos animais e protegem todos os seres humanos das forças malignas e destrutivas. Auxiliam os sacerdotes e as pessoas santas para que a glória divina esteja presente em todos os momentos. São elas que mantêm as leis do universo operando magicamente. O contato com as potências é mais fácil perto de praias e lugares onde existam plantas e animais das mais variadas espécies, lagos, montes e colinas.

O arcanjo da falange potência é Camael, que em hebraico significa "auxílio" ou "força divina". Camael é o arcanjo que ajuda nas relações interpessoais e nas artes disciplinares. Traz a transformação e o discernimento. Na maioria das vezes, aparece perto de nuvens, representando o plano celestial.

As potências ajudam a agir com inteligência nas várias etapas da vida, a obter sensibilidade, a buscar melhor entendimento com as pessoas e a encontrar harmonia e equilíbrio.

Arcanjo: Camael
Planeta: Marte
Ancoragem: por meio de animais/plantas

Letra hebraica: he ה

Os anjos pertencentes à qualidade das potências são:
33 – IEHUIAH
34 – LEHAHIAH
35 – CHAVAKIAH
36 – MENADEL
37 – ANIEL
38 – HAAMIAH
39 – REHAEL
40 – IEIAZEL

Invocação ao arcanjo Camael:

Arcanjo Camael, mão direita de Deus,
Eu o invoco!
Seja benéfico ao meu ritual.
Você que trabalha para que a verdade perdure
Através dos tempos.

Abra nossa mente para o conhecimento superior.
Faça-nos instrumento de suas energias divinas,
Para podermos prosseguir pela vida
Com amor e tranquilidade.

Ó, auxílio de Deus!
Proteja-nos de todas as influências maléficas.

Faça com que o bem sempre triunfe sobre o mal
E que beleza da fauna e da flora da Terra
Sejam sempre respeitadas e preservadas.

Ó, arcanjo das dominações,
Anjo de toda atividade!
Trabalhe para que a harmonia da Terra
Nunca seja perturbada.
Faça-nos vitoriosos no plano físico, material e espiritual.
Ó, resplandecência eterna!
Olhe por mim.
Amém!

AS VIRTUDES

As virtudes governam os talentos, os prodígios e os milagres da cura. São responsáveis pelas leis que governam a Criação de acordo com a vontade divina e têm o poder de acalmar a fúria da natureza. Ajudam as pessoas esforçadas a vencer na vida. Na maioria das vezes, são representadas com instrumentos musicais, simbolizando a voz de Deus pela música. Atraem a força de Deus para que os milagres sejam operados. Devemos invocá-las para que a paz seja o ponto forte dos pecadores e para que os bons fluidos prevaleçam na vida dos homens e na Terra. O contato com as virtudes é mais fácil perto de planícies, árvores e montanhas.

O arcanjo das virtudes é Rafael, que em hebraico significa "Deus que cura" ou "cura de Deus". Conservador e fiel, Rafael é o curador divino, encarregado de recuperar a Terra e os seres humanos. É o anjo do intelecto, da curiosidade e do conhecimento científico de todas as coisas existentes. Também é o guia dos viajantes, o guardião da juventude e o regente do segundo Céu. Nas pinturas, aparece com um cajado de peregrino, uma sacola e um peixe.

Arcanjo: Rafael
Planeta: Sol
Ancoragem: por meio de aromas/objetos sagrados e antigos
Letra hebraica: vau ו

Os anjos pertencentes à qualidade das virtudes são:
41 – HAHAHEL
42 – MIKAEL
43 – VEULIAH
44 – IELAHIAH
45 – SEALIAH
46 – ARIEL
47 – ASALIAH
48 – MIHAEL

Invocação ao arcanjo Rafael:

Arcanjo Rafael, médico divino,
Eu o invoco!
Seja benéfico ao meu ritual.
Ó, poderoso anjo!

Você que tem a cura de todas as doenças,
Dê-nos saúde equilibrada e livre-nos de todas as enfermidades.
Que durante nossa estada na
Terra possamos amar e ser amados.

Ó, arcanjo Rafael, senhor da eloquência!
Dê-nos clareza de pensamentos.
Que todas as nossas ideias se fertilizem
E sempre sejam canalizadas para o bem.

Eu o invoco para que tenhamos saúde,
E que essa saúde seja espalhada
Por todo o universo com abundância.

Ilumine nossos caminhos
E livre-nos de todas as energias negativas
Que permeiam nossos destinos.
Amém!

OS PRINCIPADOS

Os principados atuam sobre os governos, os estados e os países. Preservam a fauna e a flora, os cristais e todas as riquezas da Terra. É recomendado invocá-los quando se entra em um lugar sagrado. Eles ajudam a vencer todos os obstáculos. Os principados têm poderes semelhantes aos de um arcanjo. Cada nação, estado, cidade e bairro tem um anjo da qualidade dos principados para sua defesa geral. Protegem os espíritos bons dos ataques de espíritos maus e invejosos.

O arcanjo dos principados é Haniel, que em hebraico significa "glória ou graça de Deus". Haniel é o anjo que devemos invocar para nos defender das forças do mal. Por ter os poderes do amor, Haniel é chefe de todos os cupidos, ou seja, dos anjos encarregados de fazer as pessoas se apaixonarem. Transmite inteligência, objetividade e poder de vencer.

O contato com os principados é mais fácil em espaços abertos, no topo das montanhas, quando o sol está radiante.

Arcanjo: Haniel
Planeta: Vênus
Ancoragem: por meio de cristais
Letra hebraica: zain ז

Os anjos pertencentes à qualidade dos principados são:
49 – VEHUEL
50 – DANIEL
51 – HAHASIAH
52 – IMAMIAH
53 – NANAEL
54 – NITHAEL
55 – MEBAHIAH
56 – POIEL

Invocação ao arcanjo Haniel:

Arcanjo Haniel, graça divina,
Eu o invoco!
Seja benéfico ao meu ritual.
Que seus poderes ocultos do amor se espalhem
Sobre o universo.

Presenteie-nos com amor correspondido, casamento feliz,
Filhos saudáveis e em abundância.
Arcanjo do amor e da fertilidade,
Eu o invoco para que nossa vida seja repleta de amor
E bons presságios.

Que sua luz resplandeça sobre a Terra
E sua bondade seja distribuída
Por toda a humanidade.

Ó, Elohim sagrado,
Arcanjo dos principados!
Seja benéfico aos nossos objetivos e desejos.
Que eles possam ascender aos céus
Com graça e fraternidade.

Ó, divina luz sagrada,
Amado dos Anjos!
Eu o saúdo de todo coração.
Amém!

OS ARCANJOS

Os arcanjos têm como função transmitir as mensagens divinas. São responsáveis pelas informações importantes, pela defesa dos países e pela proteção da família. Devem ser invocados contra tudo o que é ruim, para a cura de doenças e para as viagens. Quando estão por perto, sentimos paz e tranquilidade interior. São eles que cuidam das ideias religiosas do mundo inteiro.

O contato com os arcanjos é mais fácil em grandes espaços com paisagens e muita luz solar.

O arcanjo dos arcanjos é Miguel, que em hebraico significa "quem é como Deus". Na doutrina muçulmana, ele é descrito como tendo cabelos cor de açafrão, asas verde-topázio e um milhão de olhos e faces. Miguel é o padroeiro dos policiais.

Nas representações, aparece empunhando um escudo e uma espada. Seu nome é um grito de guerra.

Arcanjo: Miguel
Planeta: Mercúrio
Ancoragem: por meio das flores
Letra hebraica: heth ח

Os anjos pertencentes à qualidade dos arcanjos são:
57 – NEMAMIAH
58 – IEIALEL
59 – HARAHEL
60 – MITZRAEL
61 – UMABEL

62 – IAHHEL
63 – ANAUEL
64 – MEHIEL

Invocação ao arcanjo Miguel:

Arcanjo Miguel, semelhança divina,
Eu o invoco!
Seja benéfico ao meu ritual.
Ó, luz dourada,
Anjo sagrado e divino!
Dê-nos alegria em todas as circunstâncias da vida.
Faça com que o sucesso brilhe em nosso favor.

Proteja-nos com saúde, sucesso, amor e prosperidade.
Que seus poderes ocultos de iluminação
Possam ser despertados para iluminar nossos caminhos
Em todos os dias de nossa vida.

Vida! Vida! Vida!
Vida em abundância para todos nós!
Que a felicidade seja uma constante em nossa vida.
Amém!

OS ANJOS

Os anjos cuidam da segurança e da orientação dos homens. São emissários e guardiões de cada criatura humana. Devemos invocá-los quando desejamos encontrar uma solução para nossos problemas e compreender os fatos. Eles nos ajudam a combater a ambição desmedida e o ódio. Não têm postos nem atributos especiais no reino celestial. São os mais próximos dos seres humanos. O contato com eles é mais fácil perto de lagos, rios e do mar.

O arcanjo dos anjos é Gabriel, que em hebraico significa "humanidade de Deus". Gabriel é o anjo que destruiu a perversidade de Sodoma e ditou o Alcorão a Maomé.

Em razão do papel de mensageiro, é o padroeiro das pessoas que trabalham com meios de comunicação, como a televisão e o telefone. Exerce domínio sobre a fecundidade e as grandes mudanças. Protege marinheiros, barqueiros e todos aqueles que, de uma forma ou de outra, estão ligados ao mar.

Arcanjo: Gabriel
Planeta: Lua
Ancoragem: por meio das frutas
Letra hebraica: teth ט

Os anjos pertencentes à qualidade dos anjos são:
65 – DAMABIAH
66 – MANAKEL
67 – AYEL
68 – HABUIAH

69 – ROCHEL
70 – YAMABIAH
71 – HAIAIEL
72 – MUMIAH

Invocação ao arcanjo Gabriel:

Arcanjo Gabriel, poderoso ser de Deus,
Eu o invoco!
Seja benéfico ao meu ritual.
Você, que exerce domínio sobre a fertilização
De todas as coisas existentes na Terra,
Dê-nos intuição para escolhermos os melhores caminhos.
E que todas as nossas energias
Sempre sejam canalizadas para o bem.

Presenteie-nos com negócios prósperos, vida longa
E amor em todos os sentidos.
Ó, arcanjo dos anjos,
Que protege e ilumina os seres da Terra!
Guie-nos por todos os dias de nossa vida.
Trabalhe para que a beleza do mundo
Seja revigorada a cada dia.
Eu o reverencio.
Amém!

OS GÊNIOS DA HUMANIDADE

Cada um dos 72 anjos influencia cinco dias do ano. Temos, então, 72 × 5 = 360. Faltam cinco para completar os 365 dias do ano, consagrados aos gênios da humanidade, anjos superpoderosos que têm o poder de encarnar na Terra.

A Doutrina Secreta afirma que essa é a hierarquia dos jivas, ou seja, dos espíritos que atingiram um estágio humano em outro Sistema Solar e vieram à Terra para ajudar os homens em sua evolução.

São considerados *ishim*, almas de fogo que constituem a consciência natural da matéria e cumprem incessantemente o papel de Senhores do Destino. Graças a eles são realizados atos mágicos que poucos conseguem concretizar.

Os cabalistas consagram esses cinco dias às inteligências que governam os quatro elementos, as quatro fases da Lua, os quatro pontos cardeais e as quatro estações do ano. Orfeu atribuía esses dias aos cinco deuses mais importantes da Antiguidade: Osíris, Apolo (Sol), Ísis, Tífon e Vênus.

No Antigo Egito e na Pérsia, eles eram chamados de "epagômenos" e formavam o Pentaedro Sagrado.

As pessoas nascidas nos dias consagrados aos gênios da humanidade têm espiritualidade muito avançada e o domínio sobre os quatro elementos. Elas não têm anjos da guarda em particular, pois são consideradas anjos que vieram à Terra para guiar os passos da humanidade. Helena Blavatsky chamava-os de "Pilares de Luz".

Esses gênios são seres diretamente ligados a Deus e encarnam no mundo para mostrar a verdade divina através dos tempos. Têm a missão de guardar a humanidade e já viveram muitos milênios na Terra.

Quem nasce em um dos dias associados aos gênios da humanidade resgata um pouco do karma de todo o universo, combate a impureza, a ignorância e a libertinagem e não deve fazer nada que contrarie seu grande senso ético e moral. Associado a essa categoria angélica, o gênio contrário domina a derrota, a descrença pública e a imoralidade. Fique atento, pois, se o gênio contrário dominar a vida de um dos indivíduos nascidos nesses dias, todas as forças do mundo se voltarão contra eles.

As pessoas nascidas em 19/03, 31/05, 12/08, 05/01 ou 24/10 pertencem à categoria dos gênios da humanidade.

Elas representam o poder de Metatron sobre a Terra!

O ANJO CONTRÁRIO

Havia no Céu um anjo conhecido como Lúcifer, o Portador da Luz, o mais bonito e poderoso do plano celestial.

Lúcifer recebeu de Deus a tarefa de ser o instrutor de toda a humanidade. Certo dia, ele desceu à Terra com o objetivo de fortalecer e iluminar os homens por meio das provações e tentações.

Com o passar do tempo, aproveitou-se da situação apenas para satisfazer ao seu orgulho. Por isso, foi castigado e expulso do Céu e criou o Inferno.

Descartando essa forma de pensamento cristão, nos estudos cabalísticos dos anjos existe o anjo ou gênio contrário.

Como o homem é o único ser em que o espírito e a matéria estão igualmente presentes, ele lida com várias dúvidas e conflitos internos. Tudo isso faz com que a influência do gênio contrário afete nossa vida. Por isso, temos de lutar contra ele e fazer com que o espírito sempre triunfe sobre a matéria.

Quase todas as religiões do mundo propagaram a ideia de um ser maligno, que luta constantemente com outro benigno. Os psicólogos dizem que essa crença é um escape que o ser humano arrumou para atribuir a alguém a culpa por seus próprios erros.

No modo de pensar mágico e esotérico, o bem e o mal, o lindo e o feio, o certo e o errado fazem parte de um mesmo todo.

O bem e o mal estão intimamente ligados, são a mesma coisa, pois o mal existe apenas para os que se tornam suas vítimas. Pense comigo: o que é bom para mim pode ser péssimo para você. Tudo é muito relativo!

Na magia, não existem anjos nem demônios, mas forças diferentes em diferentes funções. Para o mago, os demônios são tão bons quanto os anjos; apenas trabalham de maneiras diferentes. No universo, tudo é bom!

A origem do mal está na mente do homem. Portanto, as energias do anjo da guarda e as do gênio contrário são as mesmas, mas direcionadas de maneira diferente. O anjo da guarda e o gênio contrário são idênticos.

Como já dito, quando pensamos, estamos com Deus. Por isso, quando você não pensa e age por instinto, passa a ser dominado pelo gênio contrário. Ele pode nos influenciar de várias maneiras, mas principalmente pelo oposto às virtudes consagradas ao nosso anjo da guarda. O gênio contrário age sobre nós por meio da autopunição, da dúvida, do ressentimento e atrapalhando o progresso de todas as ordens.

Portanto, quando você acha que fez algo errado, não foi por influência de um anjo mau, como os das histórias em quadrinhos. Na realidade, você foi testado por seu próprio anjo.

O gênio contrário não pode ser considerado uma força negativa, porque a descida é essencial à ascensão. Ele é apenas o véu que cobre a face daqueles que dão as costas ao conhecimento.

UM ALTAR PARA OS ANJOS

A palavra "altar" vem do latim *altare*, que significa "elevação onde são feitas ofertas sagradas". Todo altar simboliza o centro espiritual do mundo e nele são realizados os rituais sagrados e feitas as oferendas ao ser venerado. É o lugar onde entramos em contato com deuses, anjos, duendes e seres de outras dimensões.

Seu altar não precisa ser muito grande. O importante é que seja feito com muito carinho e amor, em louvor ao seu anjo da guarda.

Pode ser montado em cima de uma cômoda, em um pequeno espaço reservado na estante, no canto do seu quarto ou em qualquer outro lugar, desde que esse espaço seja reservado exclusivamente a ele.

O altar montado para o seu anjo deverá ser utilizado apenas para invocá-lo e ter apenas imagens dele. Procure não confundir os sistemas, misturando imagens de anjos com as de santos, gnomos ou deuses hindus.

Se você quiser, poderá fazer vários altares em casa, desde que cada um seja destinado a cultuar uma linhagem de deuses ou seres espirituais. Por exemplo, no altar dos deuses hindus, apenas eles devem ser cultuados; no dos elementais, apenas os elementais; e no dos anjos, só devem ser cultuados e realizados rituais destinados aos anjos, e assim por diante.

Se você misturar os sistemas de cultos, as egrégoras milenares relacionadas a essas divindades também se misturarão, e, assim, nenhum pedido ou mensagem chegará de forma clara e objetiva ao plano astral.

O lugar escolhido para fazer seu altar deve estar limpo e liso. Cubra-o com um pano, de preferência branco. Coloque em cima dessa superfície algumas imagens de anjos. Procure encontrar a imagem do arcanjo da qualidade a que pertence seu anjo e coloque-a em lugar de destaque no altar. Não veja o aspecto dessas imagens como idolatria. Elas apenas servem para atrair a simpatia dos anjos para perto desse local sagrado e para que sua mente se direcione ao divino durante os rituais. As imagens são apenas símbolos capazes de manter a presença dos anjos por meio da mentalização. Além disso, fortalecem a egrégora, pois, se várias pessoas mentalizarem que um anjo tem determinada forma, ele acabará assumindo essa forma e se tornará mais poderoso a cada dia.

Em um pote de porcelana, coloque um punhado de sal grosso. Se não o tiver, poderá ser usado o sal de cozinha. O sal é um meio eficaz contra as energias negativas e protegerá seu altar das influências maléficas no decorrer dos rituais.

Em outro recipiente, coloque um pouco de água. A água absorve as energias negativas e tem o poder de transmutá-las. Troque a água com frequência, jogando a antiga em um canteiro com plantas e flores ou em um vaso.

Disponha sobre o altar algumas varetas de incensos, pois eles são indispensáveis. Representam a ligação entre a Terra e o mundo astral. A fumaça do incenso tem o poder de elevar nossos pedidos aos anjos.

Se quiser, deixe também um punhal ou uma espada sobre o altar, pois eles representam o triunfo do bem contra o mal.

Coloque um frasco com azeite de oliva ou óleos essenciais para fazer a unção das velas. O ato de ungi-las simboliza a impregnação das intenções do ritual nas velas.

Mantenha uma Bíblia aberta no Salmo 91 (o mais poderoso) ou no início do Evangelho de João, pois é nele que encontramos a menção sobre a grande serpente.

Se puder posicionar seu altar voltado para o ponto cardeal análogo a seu signo zodiacal, será excelente, pois assim seu poder será intensificado.

Para as pessoas de Áries, Leão ou Sagitário, o altar deve ser voltado para o Sul. Já as que são de Touro, Virgem ou Capricórnio devem posicioná-lo na direção Norte. Quem for de Gêmeos, Libra ou Aquário pode virar seu altar para o Leste, e quem for de Câncer, Escorpião ou Peixes, para o Oeste.

Arrume todos os elementos mencionados sobre o altar da maneira e no lugar que lhe convierem. Não se atenha a dogmas nem a regras impostas. Em todos os rituais e em todas as circunstâncias, siga a intuição e dê seu toque de originalidade.

Assim, seu altar se transformará em seu pequeno templo. Nunca deixe que ele seja tocado por outras pessoas, pois é sua ponte para o infinito!

CAPÍTULO 6

ASTROLOGIA CABALÍSTICA

Os signos do zodíaco estão relacionados à vida do homem. As energias que animam os planetas provocam impacto sobre todas as coisas existentes na Terra.

Segundo a astrologia cabalística, cada signo tem um governante espiritual. São os arcanjos dos signos que governam as 12 tribos místicas de Israel e os 12 signos do zodíaco. Os anjos príncipes ou arcanjos influenciam a vida profissional e sentimental e a saúde de seus protegidos. Temos, então:

ÁRIES/SAMUEL: as pessoas nascidas sob a influência de Áries são protegidas pelo arcanjo Samuel. Por isso, são inconstantes, irritadiças e impulsivas. Nasceram para ser chefes, pois amam o poder e as mordomias. Em termos profissionais, podem ser políticos, advogados, diplomatas ou militares. No amor, demoram para vincular-se afetivamente; em geral, casam-se depois dos 30 anos. Na saúde, podem ter problemas na região da cabeça.

O anjo Samuel ajuda a resolver questões ligadas a rendimentos ousados, protege contra roubos e assaltos e nos livra das influências de todos os feitiços. Atua sobre as máquinas; concede coragem, dinamismo e vivacidade; protege dos perigos do fogo, da violência e de acidentes de carro.

Pedra: jaspe ou granada
Número: 9
Cor: vermelho
Dia: terça-feira

TOURO/ANAEL: as pessoas nascidas sob a influência de Touro são protegidas pelo arcanjo Anael. Por isso, são inteligentes, amam a música, os divertimentos e os prazeres que a vida oferece. Profissionalmente, podem obter êxito como agrônomos, administradores de empresas, contadores e em todas as áreas ligadas ao dinheiro. No amor, só se realizam quando encontram uma pessoa que lhes proporcione segurança em todos os sentidos. Na saúde, estão sujeitas a problemas na região do pescoço.

O arcanjo Anael ajuda a obter harmonia, favorece o amor e a vida familiar e inspira força, dedicação e bondade aos filhos da Terra. Anael governa a arte, a beleza e a música.

Pedra: quartzo rosa
Número: 6

Cor: verde ou rosa
Dia: sexta-feira

GÊMEOS/RAFAEL: as pessoas nascidas sob a influência de Gêmeos são protegidas pelo arcanjo Rafael. Por isso, são prudentes, perspicazes, inconstantes, adoram estudar e estão sempre fazendo amigos. Profissionalmente, podem obter sucesso no comércio, nas artes, nas ciências e nas áreas ligadas à oratória. No amor, são muito indecisas e tendem a se casar mais de uma vez. Na saúde, estão sujeitas a problemas nos braços.

Rafael ajuda nas questões relacionadas a contratos, viagens, estudos, mudanças de profissão e residência. Inspira habilidade, diplomacia e eloquência e governa os meios de comunicação, a inteligência e a imprensa falada e escrita.

Pedra: ágata
Número: 5
Cor: marrom ou amarelo
Dia: quarta-feira

CÂNCER/GABRIEL: as pessoas nascidas sob a influência de Câncer são protegidas pelo arcanjo Gabriel. Por isso, são tímidas e intuitivas. Têm inteligência privilegiada, inspiração e imaginação fértil. Profissionalmente, podem obter êxito como psicólogos, modelistas e nas áreas ligadas ao artesanato. No amor, casam-se e constroem uma família harmoniosa. Na saúde, estão sujeitas a problemas no tórax.

O arcanjo Gabriel ajuda a obter viagens bem-sucedidas, desenvolve a clarividência, concede a harmonia com parentes e familiares, desenvolve a fecundidade e a notoriedade pública e governa o enriquecimento interior.

Pedra: quartzo branco ou pedra da lua
Número: 2
Cor: branco
Dia: segunda-feira

LEÃO/MIGUEL: as pessoas nascidas sob a influência de Leão são protegidas pelo arcanjo Miguel. Por isso, são amantes das ciências e dos bons princípios, sábias, prudentes, piedosas e nasceram para o sucesso. Profissionalmente, podem ser bem-sucedidas como chefes, governadores ou líderes. Devido à forte vontade de vencer, tornam-se sempre as melhores em qualquer profissão. No amor, gostam de ser o centro das atenções. Na saúde, estão sujeitas a problemas na região do estômago.

O arcanjo Miguel ajuda a resolver questões ligadas ao lado profissional, favorece o progresso, a ambição e as honrarias, além de governar as questões financeiras, o sucesso e o poder.

Pedra: citrino
Número: 1
Cor: dourado ou laranja
Dia: domingo

VIRGEM/RAFAEL: as pessoas nascidas sob a influência de Virgem são protegidas pelo arcanjo Rafael. Por isso, são modestas, racionalistas, ponderadas e perfeccionistas. Profissionalmente, podem obter sucesso como contadores, juízes, promotores públicos, vendedores de objetos antigos e médicos. No amor, gostam de relação segura e honesta. Na saúde, estão sujeitas a problemas na região dos intestinos.

O arcanjo Rafael ajuda nas questões relacionadas a contratos, viagens, estudos, mudanças de profissão e residência. Inspira diplomacia e eloquência. Atua nos meios de comunicação, governa o comércio e a inteligência.

Pedra: ágata
Número: 5
Cor: marrom ou amarelo
Dia: quarta-feira

LIBRA/ANAEL: as pessoas nascidas sob a influência de Libra são protegidas pelo arcanjo Anael. Por isso, são sensíveis, equilibradas, alegres e requintadas no modo de se vestir e falar. Profissionalmente, podem obter êxito como professores, escritores, cantores, atores e em todas as profissões ligadas às artes. No amor, são carinhosas e românticas. Na saúde, estão sujeitas a problemas nos rins.

O arcanjo Anael ajuda e promove equilíbrio nas questões relacionadas ao amor, à família e ao casamento. Inspira paz de espírito e revigora a mente. Anael governa as artes, o amor e o casamento.

Pedra: água-marinha ou quartzo rosa
Número: 6

Cor: rosa ou verde
Dia: sexta-feira

ESCORPIÃO/AZRAEL: as pessoas nascidas sob a influência de Escorpião são protegidas pelo arcanjo Azrael. Por isso, são dotadas de grande curiosidade. Profissionalmente, podem obter sucesso como líderes religiosos, escritores e em todas as profissões empreendedoras. No amor, são imprevisíveis. Na saúde, podem sofrer alguns problemas nos órgãos sexuais.

O arcanjo Azrael ajuda a resolver problemas que precisam de energia, entusiasmo e transformação. Governa o princípio e o fim de todas as coisas.

Pedra: hematita, jaspe ou quartzo fumê
Número: 9
Cor: vermelho ou preto
Dia: terça-feira

SAGITÁRIO/SAQUIEL: as pessoas nascidas sob a influência de Sagitário são protegidas pelo arcanjo Saquiel. Por isso, adoram a abundância, a liberdade e a família. Profissionalmente, podem obter sucesso como esportistas, professores e em todas as profissões ligadas à comunicação. No amor, gostam de relações abertas. Na saúde, estão sujeitas a problemas nas coxas e nas pernas.

O arcanjo Saquiel ajuda nas questões relacionadas à expansão de todas as coisas. Favorece os assuntos financeiros, jurídicos, religiosos e educacionais e governa todo tipo de expansão, tanto financeira quanto amorosa.

Pedra: turquesa
Número: 3
Cor: azul-marinho ou púrpura
Dia: quinta-feira

CAPRICÓRNIO/CASSIEL: as pessoas nascidas sob a influência de Capricórnio são protegidas pelo arcanjo Cassiel. Por isso, são severas de corpo e alma. Têm perseverança, paciência, calma, disciplina, prudência e cautela. Profissionalmente, podem obter sucesso como professores, religiosos, jornalistas, arqueólogos e pesquisadores. No amor, gostam de honestidade e companheirismo. Na saúde, estão sujeitas a problemas nos joelhos.

O arcanjo Cassiel ajuda a agilizar o que está caminhando lentamente, influencia os estudos e as questões políticas. Além disso, governa as propriedades, os bens materiais, as questões kármicas e o destino dos homens.

Pedra: ônix
Número: 8
Cor: branco, cinza ou preto
Dia: sábado

AQUÁRIO/URIEL: as pessoas nascidas sob a influência de Aquário são protegidas pelo arcanjo Uriel. Por isso, são sensíveis, vibrantes e emotivas. Têm mente aberta e à frente do seu tempo. Detestam qualquer tipo de preconceito, tanto racial quanto social. Profissionalmente, podem obter sucesso como engenheiros, investigadores, astrólogos ou digitadores. No amor, gostam de "amizades coloridas". Na saúde, podem sofrer algum problema nas panturrilhas (batata das pernas).

Uriel influencia as mudanças repentinas, as novas ideias e a tecnologia. Atrai o magnetismo pessoal e a cura de todas as doenças, governa as forças ocultas e preside a magia e a astrologia.

Pedra: sodalita ou amazonita
Número: 4
Cor: azul-claro ou branco
Dia: sábado

PEIXES/ASSARIEL: as pessoas nascidas sob a influência de Peixes são protegidas pelo arcanjo Assariel. Por isso, são emotivas, sensíveis e se magoam facilmente. Têm muita compaixão e perdoam todos os erros. Profissionalmente, podem obter sucesso como músicos, escritores ou atores. No amor, são muito sensíveis e gostam de se apaixonar. Na saúde, estão sujeitas a problemas nos pés.

O arcanjo Assariel influencia os assuntos psíquicos, a telepatia e a intuição. Ajuda a resolver problemas relacionados à espiritualidade, transmuta todas as energias negativas e transforma todas as situações. Assariel governa os assuntos místicos e todas as formas de clarividência.

Pedra: ametista
Número: 7
Cor: roxo e lilás
Dia: quinta-feira

RITUAL DE INVOCAÇÃO DOS ANJOS ZODIACAIS

Por meio desse ritual você entrará em contato com o anjo que influencia seu signo zodiacal para fazer pedidos e trazer a boa sorte para perto de você e de seus familiares. Caso seu anjo zodiacal não esteja relacionado ao problema que você quer resolver, escolha o que tem mais afinidade com suas aspirações. Não se esqueça: esse ritual deve ser realizado no dia consagrado ao anjo que você está invocando.

PROCEDIMENTO

No seu altar, faça seu pedido ao anjo do seu signo ou ao que está relacionado ao problema que você quer resolver, escrevendo o nome dele em um pedaço de papel branco, com a cor que lhe é atribuída.

Pegue outro papel e escreva o número que o representa, também com a cor que lhe é atribuída. Coloque esse papel embaixo da pedra que está em analogia ao anjo arcanjo a ser invocado e pingue algumas gotas de perfume sobre o papel com o número e sobre a pedra.

Coloque o papel em que foi escrito o nome do anjo e a pedra com o papel do número em cima do altar, no lugar em que achar melhor.

Em seguida, acenda uma vela e um incenso. A cor da vela e o incenso devem estar em analogia com seu pedido, conforme descrito na seção "Material para a consagração", no Capítulo 3. A cor da vela é como uma chave: abre a porta que libera a realização do seu pedido.

Deixe a vela e o incenso se consumirem até o fim. Depois, recolha os papéis e o que sobrou da vela e do incenso e enterre em um vaso com plantas ou em um jardim. Guarde o cristal para um próximo ritual.

CAPÍTULO 7

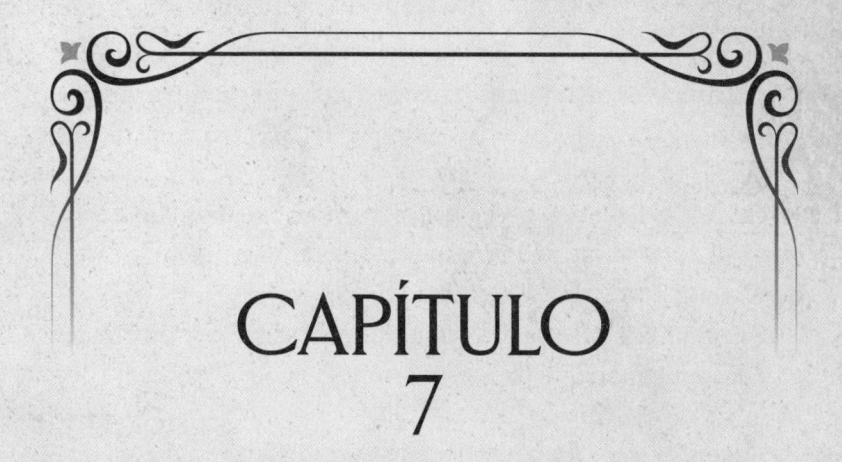

A LITURGIA DOS ANJOS

Neste capítulo, você verá as virtudes e os desafios que seu anjo pessoal inspira em sua personalidade.

Também verá como ele pode ser invocado, o salmo que lhe é atribuído, além de planetas, horários e outras informações a respeito dele.

Segundo os estudiosos, cada anjo cabalístico vem à Terra por 20 minutos diários para atender aos pedidos e aos anseios dos seres humanos. Todos os pedidos, quando possível, devem ser feitos nesses 20 minutos, pois assim eles ascendem aos céus com mais força e rapidez.

Alguns estudiosos afirmam que invocar o anjo da guarda fora dos 20 minutos que lhe são atribuídos, especialmente no horário oposto, pode atrair seu aspecto negativo, ou seja, o anjo contrário.

Você pode invocar o anjo com mais intensidade acendendo uma vela da cor em analogia com o planeta que ele governa e no dia consagrado a esse planeta.

Todos nós temos dias bons e ruins, pois somos influenciados por vários ciclos, mas também temos o poder de redimensionar a energia negativa para que ela seja amenizada. É aí que entram os anjos e os salmos a eles dedicados.

Os anjos conhecem nossa natureza interior e, por isso, têm a capacidade de se aproximar de nós e de nos proteger quando assim desejarmos.

Em muitos momentos, necessitamos de incentivo para prosseguir em nossa caminhada, e esse estímulo pode vir por meio dos anjos e dos seus rituais.

Eles estão em toda parte e sempre dispostos a ajudar os necessitados.

OS ATRIBUTOS DE CADA ANJO

1 – VEHUIAH: auxilia na realização de trabalhos difíceis; estimula o amor e concede sagacidade.
Gênio contrário: agressão e turbulência.
Planeta: Marte
Horário: de 0h à 0h20
Salmo: 3

2 – JELIEL: ajuda a vencer as injustiças; proporciona jovialidade e simpatia; restabelece a paz conjugal.
Gênio contrário: estimula o que é prejudicial.
Planeta: Júpiter
Horário: de 0h20 à 0h40
Salmo: 21

3 – SITAEL: combate adversidades; protege contra assaltos, o erro e a mentira; ajuda a manter o apoio de pessoas influentes.
Gênio contrário: hipocrisia e ingratidão.
Planeta: Sol
Horário: de 0h40 à 1h
Salmo: 90

4 – ELEMIAH: protege nas viagens e afasta as traições, os maus espíritos e os tormentos da alma.
Gênio contrário: leva a descobertas perigosas e retarda os negócios.
Planeta: Mercúrio
Horário: de 1h à 1h20
Salmo: 6

5 – MAHASIAH: favorece a ciência, a filosofia, as artes e o conhecimento oculto; contribui para a paz e a harmonia nos relacionamentos.
Gênio contrário: ignorância e libertinagem.
Planeta: Vênus
Horário: de 1h20 à 1h40
Salmo: 33

6 – LELAHEL: tem dons curativos; atrai o amor, a fé e a riqueza; faz aflorar as vocações interiores.
Gênio contrário: ambição, orgulho e desonestidade.
Planeta: Sol
Horário: de 1h40 às 2h
Salmo: 9

7 – ACHAIAH: ajuda a acalmar; favorece a atuação profissional e a tomada de decisões difíceis.
Gênio contrário: preguiça e negligência.
Planeta: Mercúrio
Horário: de 2h às 2h20
Salmo: 102

8 – CAHETHEL: purifica os ambientes; aumenta a fé; favorece a agricultura e propicia fartura.
Gênio contrário: epidemias em animais e pragas na lavoura.
Planeta: Saturno
Horário: de 2h20 às 2h40
Salmo: 94

9 – HAZIEL: estimula a reconciliação e facilita a obtenção de proteção e favores. Faz aflorar a boa-fé e a religiosidade.
Gênio contrário: rancor e descrença.
Planeta: Lua
Horário: de 2h40 às 3h
Salmo: 24

10 – ALADIAH: concede vida longa; auxilia nas curas; harmoniza as associações e ajuda a manter situações em segredo.
Gênio contrário: doenças e maus negócios.
Planeta: Júpiter
Horário: de 3h às 3h20
Salmo: 32

11 – LAOVIAH: protege contra as adversidades; destaca o talento e a popularidade individual; concede sabedoria e celebridade.
Gênio contrário: ciúme, orgulho e calúnia.
Planeta: Saturno
Horário: de 3h20 às 3h40
Salmo: 17

12 – HAHAHIAH: ajuda na compreensão de mistérios profundos; faz revelações por meio dos sonhos; estimula a espiritualidade, a discrição e a moderação.
Gênio contrário: indiscrição e abuso de confiança.
Planeta: Netuno
Horário: de 3h40 às 4h
Salmo: 9

13 – YEZALEL: facilita o aprendizado, as amizades, a compreensão do próximo e a fidelidade conjugal.
Gênio contrário: erro e mentira.
Planeta: Saturno
Horário: de 4h às 4h20
Salmo: 97

14 – MEBAHEL: governa a justiça da liberdade, a compreensão dos direitos alheios e a prática da advocacia; livra das calúnias, da opressão e do enclausuramento.
Gênio contrário: falso testemunho e calúnias.
Planeta: Júpiter

Horário: de 4h20 às 4h40min
Salmo: 9

15 – HARIEL: favorece a disciplina e a vida religiosa; faz surgir bons sentimentos e renova a esperança.
Gênio contrário: fanatismo.
Planeta: Marte
Horário: de 4h40min às 5h
Salmo: 93

16 – HEKAMIAH: protege as atividades militares, as instituições sociais, a verdade e a lei.
Gênio contrário: revoltas e traições.
Planeta: Marte
Horário: de 5h às 5h20
Salmo: 87

17 – LAOVIAH: combate a tristeza, a depressão e a intranquilidade; inspira os artistas e a expressão verbal.
Gênio contrário: descrença.
Planeta: Sol
Horário: de 5h20 às 5h40
Salmo: 8

18 – CALIEL: promove o triunfo da integridade, da verdade e da inocência; desmascara os inimigos e socorre nas aflições.
Gênio contrário: escândalos, intrigas e negociatas.
Planeta: Mercúrio

Horário: de 5h40 às 6h
Salmo: 7

19 – LEUVIAH: dá força para suportar as adversidades; conserva a jovialidade, a modéstia e a amabilidade; proporciona boa memória.
Gênio contrário: desobediência, deboche e desespero.
Planeta: Vênus
Horário: de 6h às 6h20
Salmo: 39

20 – PAHALIAH: reforça a fé; propicia a força moral e faz aflorar a vocação religiosa.
Gênio contrário: libertinagem.
Planeta: Lua
Horário: de 6h20 às 6h40
Salmo: 119

21 – NELCHAEL: favorece os estudos ligados à matemática, à geografia e aos astros, além de anular as influências negativas.
Gênio contrário: ignorância e preconceito.
Planeta: Mercúrio
Horário: de 6h40 às 7h
Salmo: 30

22 – IEIAIEL: protege contra naufrágios e tempestades; ajuda a ser bem-sucedido no comércio e a conseguir estabilidade financeira.
Gênio contrário: opressão.
Planeta: Mercúrio

Horário: de 7h às 7h20
Salmo: 120

23 – MELAHEL: proporciona ousadia e grandiosidade; favorece o cultivo e a descoberta de plantas medicinais; protege contra acidentes com armas brancas.
Gênio contrário: epidemias e pragas.
Planeta: Lua
Horário: de 7h20 às 7h40
Salmo: 102

24 – HAHEUIAH: concede graça e misericórdia divina; conforta exilados e prisioneiros; afasta a violência.
Gênio contrário: ações ilícitas.
Planeta: Vênus
Horário: de 7h40 às 8h
Salmo: 32

25 – NITH-HAIAH: revela as verdades ocultas; facilita as investigações e as descobertas da sabedoria.
Gênio contrário: magia negra.
Planeta: Saturno
Horário: de 8h às 8h20
Salmo: 9

26 – HAAIAH: inspira paz; protege a polícia, a comunicação e a harmonia entre os povos.
Gênio contrário: conspirações.

Planeta: Lua
Horário: de 8h20 às 8h40
Salmo: 118

27 – IERATHEL: garante justiça e anula provocações. Também favorece as atividades mentais, principalmente aquelas ligadas às ciências e às artes.
Gênio contrário: intolerância.
Planeta: Saturno
Horário: de 8h40 às 9h
Salmo: 139

28 – SEREIAH: estimula a prudência; livra das catástrofes naturais; proporciona longevidade e saúde.
Gênio contrário: catástrofes.
Planeta: Júpiter
Horário: de 9h às 9h20
Salmo: 70

29 – REYEL: destrói a impiedade e a corrupção; afasta os inimigos; faz a verdade prevalecer.
Gênio contrário: hipocrisia e fanatismo.
Planeta: Marte
Horário: de 9h20 às 9h40
Salmo: 53

30 – OMAEL: combate as tristezas e as amarguras; favorece a fertilidade; protege as ciências bioquímicas.

Gênio contrário: produz monstruosidades.
Planeta: Sol
Horário: de 9h40 às 10h
Salmo: 70

31 – **LECABEL:** orienta na tomada de decisões; reforça a generosidade; ajuda nos estudos da astronomia, da geometria e da meteorologia e influi sobre o clima.
Gênio contrário: avareza e desequilíbrios naturais.
Planeta: Sol
Horário: de 10h às 10h20
Salmo: 70

32 – **VASAHIAH:** detém o ataque dos inimigos e as calúnias; fortalece a memória e facilita a expressão em público.
Gênio contrário: más qualidades do corpo e da alma.
Planeta: Mercúrio
Horário: de 10h20 às 10h40
Salmo: 32

33 – **IEHUIAH:** facilita o aprendizado; revela traidores e situações escusas; favorece a franqueza.
Gênio contrário: revoltas.
Planeta: Lua
Horário: de 10h40 às 11h
Salmo: 33

34 – LEHAHIAH: protege todos aqueles que ocupam posição de liderança; estimula a confiança, a fé e a paciência; proporciona clareza de expressão.
Gênio contrário: discórdia, guerra e ruína.
Planeta: Saturno
Horário: de 11h às 11h20
Salmo: 130

35 – CHAVAKIAH: é o guardião da família, promovendo a harmonia entre os membros. Resolve problemas de partilhas e heranças e torna o trabalho compensador.
Gênio contrário: injustiça e desarmonia.
Planeta: Mercúrio
Horário: de 11h20 às 11h40
Salmo: 114

36 – MENADEL: auxilia os exilados a voltarem às suas terras; facilita a localização de pessoas desaparecidas e ajuda a encontrar objetos perdidos.
Gênio contrário: fugas e impenitência.
Planeta: Marte
Horário: de 11h40 às 12h
Salmo: 25

37 – ANIEL: inspira e revela os segredos da natureza; concede sabedoria e talento nas ciências e nas artes; ajuda na obtenção de vitórias e lucros.
Gênio contrário: perversidade e charlatanismo.

Planeta: Lua
Horário: de 12h às 12h20
Salmo: 79

38 – HAAMIAH: anula as influências maléficas, as fraudes, a mentira e a violência; governa os cultos religiosos.
Gênio contrário: falsidade.
Planeta: Saturno
Horário: de 12h20 às 12h40
Salmo: 90

39 – REHAEL: protege a saúde e facilita o entendimento entre pais e filhos, promovendo o respeito mútuo.
Gênio contrário: esterilidade e tirania.
Planeta: Saturno
Horário: de 12h40 às 13h
Salmo: 29

40 – IEIAZEL: elimina as situações de opressão e de negatividade; favorece tudo o que se relaciona a livros; estimula escritores e jornalistas.
Gênio contrário: isolamento e melancolia.
Planeta: Mercúrio
Horário: de 13h às 13h20
Salmo: 87

41 – HAHAHEL: protege as missões religiosas e as atividades filantrópicas; proporciona grandeza de alma e de coração para enfrentar castigos corporais.

Gênio contrário: negligência e descrença.
Planeta: Júpiter
Horário: de 13h20 às 13h40
Salmo: 119

42 – MIKAEL: desvenda conspirações; combate a corrupção; favorece o exercício da política e da diplomacia.
Gênio contrário: malevolência.
Planeta: Mercúrio
Horário: de 13h40 às 14h
Salmo: 120

43 – VEULIAH: protege os militares; livra dos inimigos; conduz à paz e à prosperidade.
Gênio contrário: discórdia e rivalidade.
Planeta: Marte
Horário: de 14h às 14h20
Salmo: 87

44 – IELAHIAH: concede benefícios nos empreendimentos e nos processos; protege os magistrados; favorece as viagens, a honra e a fama.
Gênio contrário: guerras.
Planeta: Mercúrio
Horário: de 14h20 às 14h40
Salmo: 118

45 – SEALIAH: estimula os estudos; supera humilhações; proporciona vida e saúde a tudo o que respira.

Gênio contrário: mudanças climáticas bruscas.
Planeta: Sol
Horário: de 14h40 às 15h
Salmo: 93

46 – ARIEL: revela, em sonhos, o paradeiro de pessoas e objetos desaparecidos; estimula as atitudes discretas e as ideias inovadoras.
Gênio contrário: conturbações espirituais.
Planeta: Saturno
Horário: de 15h às 15h20
Salmo: 144

47 – ASALIAH: ilumina; faz compreender as ciências secretas e mostra a verdade.
Gênio contrário: imoralidade e escândalo.
Planeta: Vênus
Horário: de 15h20 às 15h40
Salmo: 103

48 – MIHAEL: favorece o amor, a paz conjugal, os passeios e as diversões íntimas; concede inspirações e pressentimentos sobre tudo o que se vai alcançar.
Gênio contrário: luxo e orgulho.
Planeta: Vênus
Horário: de 15h40 às 16h
Salmo: 97

49 – VEHUEL: consola nos momentos de desgosto; apazigua as contrariedades; dá sensibilidade e generosidade.
Gênio contrário: egoísmo, hipocrisia e ira.
Planeta: Mercúrio
Horário: de 16h às 16h20min
Salmo: 144

50 – DANIEL: ajuda em negociações; aumenta a segurança e a determinação pessoal.
Gênio contrário: ócio e oportunismo.
Planeta: Lua
Horário: de 16h20 às 16h40
Salmo: 102

51 – HAHASIAH: eleva o espírito, conectando-o com a sabedoria e a força divina; traz revelações sobre práticas terapêuticas, bem como sobre as propriedades e as virtudes relacionadas a cada animal e planta.
Gênio contrário: abuso.
Planeta: Lua
Horário: de 16h40 às 17h
Salmo: 103

52 – IMAMIAH: fortalece a pessoa diante dos adversários; ajuda a obter liberdade e independência na vida; protege no trabalho e conserva a paciência.
Gênio contrário: maldade e blasfêmia.
Planeta: Júpiter

Horário: de 17h às 17h20
Salmo: 7

53 – NANAEL: favorece os trabalhos secretos, as ciências ocultas, a concentração e tudo o que exigir atenção aos detalhes.
Gênio contrário: ignorância.
Planeta: Saturno
Horário: de 17h20 às 17h40
Salmo: 118

54 – NITHAEL: ajuda a conservar a reputação e a conquistar o reconhecimento público; conserva a saúde e favorece os governantes.
Gênio contrário: desordens públicas.
Planeta: Júpiter
Horário: de 17h40 às 18h
Salmo: 102

55 – MEBAHIAH: estimula a fertilidade; desenvolve a compreensão; atrai as energias benéficas e favorece a religiosidade.
Gênio contrário: governa todos os vícios.
Planeta: Júpiter
Horário: de 18h às 18h20
Salmo: 101

56 – POIEL: concede bom humor; alegra os ambientes; facilita a tomada de decisões e a obtenção de ganhos estáveis.
Gênio contrário: ambição, esquizofrenia e paranoia.
Planeta: Sol

Horário: de 18h20 às 18h40
Salmo: 144

57 – NEMAMIAH: melhora a relação entre líderes e subalternos; propicia vigor físico, coragem e prosperidade.
Gênio contrário: traição e preguiça.
Planeta: Marte
Horário: de 18h40 às 19h
Salmo: 113

58 – IEIALEL: estimula a poesia, a música e as artes; combate a tristeza; confere vigor e paixão; cura os males da visão.
Gênio contrário: homicídios.
Planeta: Marte
Horário: de 19h às 19h20
Salmo: 6

59 – HARAHEL: torna as crianças obedientes e disciplinadas; favorece as transações de câmbio; permite a obtenção de lucro no comércio de livros e combate a esterilidade.
Gênio contrário: falência e ruína.
Planeta: Sol
Horário: de 19h20 às 19h40
Salmo: 112

60 – MITZRAEL: afasta as aflições do espírito; livra dos perseguidores e ajuda a conservar a proteção de pessoas influentes e poderosas.
Gênio contrário: rebeldia.

Planeta: Lua
Horário: de 19h40 às 20h
Salmo: 144

61 – UMABEL: dá intuição para perceber melhor as intenções e os sentimentos alheios; favorece as amizades; protege nas viagens e nos prazeres; ajuda a desvendar os mistérios do espaço celeste.
Gênio contrário: vícios e destruição.
Planeta: Vênus
Horário: de 20h às 20h20
Salmo: 112

62 – IAHHEL: traz a tranquilidade e a sabedoria; protege quem se dedica à filosofia e à religião.
Gênio contrário: desunião.
Planeta: Saturno
Horário: de 20h20 às 20h40
Salmo: 118

63 – ANAUEL: favorece a aceitação de ideias e projetos novos; proporciona otimismo; afasta o risco de acidentes automobilísticos e estimula os negócios.
Gênio contrário: desequilíbrio mental.
Planeta: Mercúrio
Horário: de 20h40 às 21h
Salmo: 2

64 – MEHIEL: promove a fraternidade; afasta as adversidades e aumenta a capacidade de expressão, facilitando a oratória, o magistério e o jornalismo.
Gênio contrário: falsidade, críticas e intrigas.
Planeta: Mercúrio
Horário: de 21h às 21h20
Salmo: 32

65 – DAMABIAH: proporciona sucesso em todos os empreendimentos; protege as atividades portuárias, a marinha e as pessoas que exercem trabalhos relacionados ao mar.
Gênio contrário: tempestades e naufrágios.
Planeta: Lua
Horário: de 21h20 às 21h40
Salmo: 89

66 – MANAKEL: controla e acalma os nervos; favorece o tratamento da epilepsia e dos males relativos ao sono.
Gênio contrário: prejuízos ao corpo e à alma.
Planeta: Netuno
Horário: de 21h40 às 22h
Salmo: 37

67 – EIAEL: revela as verdades e socorre em momentos de angústia e necessidade; ajuda nos estudos das altas ciências e concede distinção.
Gênio contrário: preconceitos.
Planeta: Saturno

Horário: de 22h às 22h20
Salmo: 36

68 – HABUIAH: é ligado ao campo e à fecundidade da terra; protege os agricultores.
Gênio contrário: esterilidade e pestes causadas por insetos.
Planeta: Lua
Horário: de 22h20 às 22h40
Salmo: 105

69 – ROCHEL: conserva as tradições dos povos antigos; faz os traidores se denunciarem; revela a localização de objetos e documentos perdidos.
Gênio contrário: prejuízos.
Planeta: Júpiter
Horário: de 22h40 às 23h
Salmo: 15

70 – YAMABIAH: dá força a quem deseja superar seus aspectos negativos; governa os fenômenos da natureza; restabelece a harmonia no trabalho e no lar.
Gênio contrário: enganos e falta de fé.
Planeta: Sol
Horário: de 23h às 23h20
Salmo: 91

71 – HAIAIEL: liberta dos opressores; apazigua discórdias; protege contra armas de fogo e favorece trabalhos com metal.

Gênio contrário: discórdia, lutas e demandas.
Planeta: Marte
Horário: de 23h20 às 23h40
Salmo: 108

72 – MUMIAH: concede sucesso; propicia os tratamentos médicos e cirúrgicos; favorece as ocupações misteriosas e os sigilos.
Gênio contrário: desespero e suicídio.
Planeta: Netuno
Horário: de 23h40 à 0h
Salmo: 114

BIBLIOGRAFIA

BANZAHAF, Hajo. *Manual do Tarô: Origem, Definição e Ilustrações para o Uso do Tarô*. São Paulo: Pensamento, 1991.

_____. *As Chaves do Tarô*. São Paulo: Pensamento, 1993.

_____. *Guia Completo do Tarô*. São Paulo: Pensamento, 1998.

_____. *O Tarô e a Viagem do Herói*. São Paulo: Pensamento, 2003.

BARRET, Francis. *Magus – Tratado Completo de Alquimia e Filosofia Oculta*. São Paulo: Mercuryo, 1994.

BLAVATSKY, Helena P. *Glossário teosófico*. São Paulo: Ground, 1991.

BOSTROM, Francis. *O Mago dos Cristais*. Rio de Janeiro: Best Seller, 1994.

BUONFIGLIO, Mônica. *Os Anjos Cabalísticos*. São Paulo: Oficina Cultural Esotérica: 1995.

COQUET, Michel. *O Mundo dos Anjos e os Devas*. Rio de Janeiro: Record, 1994.

FORTUNE, Dion. *A Cabala Mística*. São Paulo: Pensamento, 1985.

GODDARD, David. *A Magia Sagrada dos Anjos*. São Paulo: Pensamento, 1985.

GODO, Carlos. *O Tarô de Marselha*. São Paulo: Pensamento, 2020.

GODOY, A. C. *O Anjo Guardião – Magia Sagrada e Divina*. São Paulo: Madras, 1994.

HODSON, Geoffrey. *O Reino dos Deuses*. São Paulo: Pensamento, 1993.

HUSON, Paul. *Mystical Origins of the Tarot: from Ancient Roots to Modern Usage*. Rochester: Destiny Books, 2004.

JUNG, Carl Gustav. *O Homem e seus Símbolos*. Rio de Janeiro: Nova Fronteira, 2008.

KAPLAN, Stuart R. *Tarô Clássico*. Trad. Mário Miranda. São Paulo: Pensamento, 1999.

_____. *The Encyclopedia of Tarot*. Stamford: U S Games Systems, 2006.

KILLINABOY, Paul. *Rituais de Magia com Velas*. São Paulo: Maltese, 1987.

LARCH, Joan. *A Pirâmide Iniciática*. Rio de Janeiro: Record, 1983.

LEADBEATER, C. W. *Auxiliares Invisíveis*, ed. ampl. Brasília (DF): Editora Teosófica, 2020.

LENAIN, Thierry. *A Ciência Cabalística*. Sociedade das Ciências Antigas. São Paulo: WMF Martins Fontes, 2003.

LERNER, Isha; LERNER, Mark. *O Tarô da Criança Interior*. Trad. Carmen Youssef. São Paulo: Cultrix, 2001.

LÉVI, Éliphas. *A Chave dos Grandes Mistérios*. São Paulo: Martins Fontes, 1991.

_____. *História da Magia*. São Paulo: Pensamento, 2010.

MCLEAN, Dorothy *A Comunicação com os Anjos e os Devas*. São Paulo: Pensamento, 1986.

MACLEAN, Penny. *Contatos com o Anjo da Guarda*. São Paulo: Pensamento, 1993.

_____. *Os Anjos, Espíritos Protetores*. São Paulo: Pensamento, 1993.

_____. *Nossos Guias Espirituais*. São Paulo: Pensamento, 1997.

MANTOVANNI, André. *Tarô – O Jogo da Vida: Felicidade, Destino e Divinação*. São Paulo: Ghemini, 2007.

_____. *Rituais Encantados de Magia Branca*. São Paulo: Academia do Livro, 2011.

_____. *Magia Sagrada*. São Paulo: Astral Cultural, 2014.

_____. *Anjos*. São Paulo: Ghemini, 2015.

_____. *Salmos: Invocações Sagradas*. São Paulo: Ghemini, 2015.

_____. *Tarô dos Orixás*. São Paulo: Isis, 2017.

_____. *Os Astros Guiam seu Destino*. São Paulo: Pensamento, 2020.

MOORE, Barbara. *The Gilded Tarot Companion*. St. Paul: Llwellyn, 2005.

NETTESHEIM, Henrique Cornélio Agrippa. *Três Livros de Filosofia Oculta*. São Paulo: Madras, 2012.

NEWHOUSE, Flower A. *Redescobrindo os Anjos e os Habitantes Alados da Eternidade*. São Paulo: Pensamento, 1976.

PRAMAD, Veet. *Curso de Tarô: O Tarô e Seu Uso Terapêutico*. São Paulo: Madras, 2003.

RONNER, John. *Você Tem Um Anjo da Guarda*. São Paulo: Siciliano, 1991.

SABOYA, Jackson. *Iniciação à Magia*. Rio de Janeiro: Record, 1994.

SHARMAN-BURKE, Juliet; GREENE, Liz. *Tarô Mitológico*. Trad. Anna Maria Dalle Luche. São Paulo: Siciliano, 1996.

TAYLOR, Terry Lynn. *Os Anjos Inspiradores da Criatividade*. São Paulo: Pensamento, 1993.

_____. *Os Anjos Respondem – O Livro de Mensagens Angélicas*. São Paulo: Pensamento, 1993.

_____. *Anjos Mensageiros da Luz: Guia para o Crescimento Espiritual*. São Paulo: Pensamento, 1991.

_____. *Os Anjos Guardiães da Esperança*. São Paulo: Pensamento, 1995.

_____. *Experiência Angélica – Maneiras Simples de Cultivar as Qualidades do Divino*. São Paulo: Pensamento, 2000.

TORRIGO, Marcos. *Cabala: A Árvore da Vida*. Bauru: Nova Época Editorial, 1997.

WAITE, Artur Edgard. *O Tarô Ilustrado de Waite*. Porto Alegre: Kuarup, 1999.

WAITE, Edith. *O Tarô Universal de Waite*. São Paulo: Isis, 2004.

WANG, Robert. *O Tarô Cabalístico*. Trad. Paulo César de Oliveira. São Paulo: Pensamento, 1999.

ZOCCATELLI, Pierluigi. *Aleister Crowley: Un Mago a Cefalù*. Roma: Edizioni Mediterranee, 1998.

AGRADECIMENTO ESPECIAL

O **Tarô dos Anjos** foi um projeto surgido em 2010, em São Paulo, dando continuidade a uma parceria de muitas alegrias e criatividade com a amiga e artista plástica Cristina Martoni. Foram necessários oito anos para que esta obra pudesse nascer para o mundo. Vida longa à sua arte, Cris, e que juntos possamos colorir mais sonhos e deixar um legado de luz às gerações futuras.

André Mantovanni, agosto de 2018.

Contatos com o autor para cursos, *workshops*, eventos e consultorias:
Instagram: @andremantovanni
Facebook: andremantovannioficial
YouTube: andremantovannitv
Site: andremantovanni.com.br